Nachgefragt:
Medienkompetenz in Zeiten von Fake News

Alle *Nachgefragt*-Taschenbücher:

Nachgefragt: Politik
Nachgefragt: Philosophie
Nachgefragt: Menschenrechte und Demokratie
Nachgefragt: Flucht und Integration
Nachgefragt: Weltreligionen
Nachgefragt: *Medienkompetenz in Zeiten von Fake News*

Manfred Theisen

Nachgefragt: Medienkompetenz in Zeiten von Fake News
Basiswissen zum Mitreden

Illustrationen von Verena Ballhaus

ISBN 978-3-7432-0161-3
1. Auflage 2019
© 2019 Loewe Verlag GmbH, Bindlach
Umschlagillustration: Verena Ballhaus
Umschlagfoto: iStock.com/keport
Printed in the EU

www.loewe-verlag.de

Inhalt

Einleitung 8

Alte und Neue Medien

Was sind überhaupt Medien? 12 • Welche Medien werden am häufigsten genutzt? 13 • Worum geht's in den Medien? 14 • Wie werden Nachrichten und Meinungen verpackt? 15 • Der Kern des Journalismus: Was ist eine Nachricht? 16 • Wer ist alles im Zeitungswald unterwegs? 18 • Die Infoverteiler: Was sind Nachrichtenagenturen? 20 • TV und Radio: Warum müssen wir Gebühren zahlen? 21 • Wer ist wer bei den Sozialen Medien? 22 • Warum ist YouTube so populär? 23 • Instagram – Was macht ein Influencer? 24 • Sind Soziale Medien wirklich sozial? 25

Fake News. Die große Verunsicherung

Was sind Fake News? 28 • Warum gibt es so viele Falschmeldungen? 30 • Wie brennen sich Fake News ins Gedächtnis ein? 31 • Wie enttarne ich Fake News? 32 • Was soll das mit den Alternativen Fakten? 34 • Gefühlte Wahrheit – Was heißt „postfaktisch"? 36 • Fakes für Firmen – Wie funktioniert Greenwash? 37 • Fake News von außen – Wer nimmt da Einfluss? 38 • Was macht der Troll in der Trollfabrik? 39 • Warum solltest du vor bots auf der Hut sein? 40 • Astroturfing – Wie wird Meinung von oben gemacht? 42

Fake News gibt es schon ewig

Wie überlebte eine Lüge die Jahrtausende? 46 • Warum sollte man immer genau hinschauen? 47 • Was haben Fake News mit Verfolgung und Diskriminierung zu tun? 48 • Wie entzündete eine Lüge den Judenhass? 49 • Wo hört die Kunst auf und fangen Fake News an? 50 • Seit wann lügen auch Bilder? 51 • Was haben Kriege mit Fake News zu tun? 52 • Wie machte eine Werbeagentur den Krieg populär? 53 • Wie werden Journalisten benutzt? 54

Populisten, Politiker und die Presse

Wer ist rechts und wer links? 58 • Populist und Lügenpresse – Wer beschimpft da wen? 60 • Warum ist Twitter bei Populisten so beliebt? 62 • Warum leugnen Populisten den Klimawandel? 63 • Was ist die vierte Gewalt im Staat? 64 • Was tun Journalisten? 65 • An welche Regeln müssen sich Journalisten halten? 66 • Was ist die Bundespressekonferenz? 67 • Eine Redaktion – Das beste Mittel gegen Fake News? 68 • Bloggen kann jeder. Aber worauf sollte man achten? 70

Deine Daten und die Macht der Neuen Medien

Neue Medien – Neue Firmen: Was ist „New Economy"? 74 • Was machen die Firmen mit deinen Daten? 75 • Warum sind Instagram und WhatsApp so mächtig? 76 • Wer sind die Spione in der Medienwelt? 78 • Top Secret: Wie erstellst du sichere Passwörter? 80

Willkommen in Smartphonia!

Wie kannst du effektiver googeln? 84 • Wie wappnest du dich gegen zu viel Information? 86 • Was ist ein Mediennutzungsvertrag? 88 • Digital Detox – Wie „entgiftest" du dich von der Technik? 89 • Suchtgefahr: Ab wann droht die Abhängigkeit? 90 • Was ist ein Algorithmus? 92 • Wenn andere für dich auswählen – Was sind Filterblasen? 93 • Was hörst du in der Echokammer? 94 • Was können Echokammern und Filterblasen anrichten? 95 • Wie kommst du raus aus der Info-Blase? 96 • Clickbaiting – Wie wird deine Neugier ausgenutzt? 97 • Nach dem Ausschlussverfahren. Wie verrennst du dich im Netz? 98

Cybermobbing und Hate Speech

Warum ausgerechnet ich? 102 • Selbstschutz: Wie machst du dich weniger angreifbar? 104 • Erste Hilfe: Wie wehrst du dich? 105 • Strafen: Was droht den Mobbern? 106 • Warum ist so viel Hass im Netz? 107 • Wie kannst du Hate Speech kontern? 108 • Was tut die Politik gegen die Online-Hetze? 110

Beratung und Hilfsangebote 112

Klicktipps: Alles über Medien 114

Suchmaschinen: Alternativen zu Google 118

Messenger: Alternativen zu WhatsApp 119

Hilfreiche Apps und Programme 120

Glossar 121

Stichwortverzeichnis 129

Einleitung

Überall begegnen wir Medien. Egal, ob wir ein Buch oder ein Handy in die Hand nehmen. Medien dienen der Kommunikation untereinander und zur Vermittlung oder Beschaffung von Informationen. Manch einer sieht den steigenden Medienkonsum der letzten Jahre kritisch, doch Medien sind prinziell weder gut noch schlecht. Es kommt ganz darauf an, wie du sie nutzt. Auch ein Smartphone ist weder gut noch schlecht. Obwohl man natürlich prinzipiell nicht ständig auf den Bildschirm starren sollte, um seine Augen nicht zu ruinieren.

Das vorliegende Buch will aufklären. Aufklärung ist der erste Schritt hin zu einer bewussten Nutzung von Medien. Ob es um Suchmaschinen wie Google oder www.startpage.de geht oder um Social Media wie Instagram, YouTube, Facebook und WhatsApp, dieses Buch gibt dir einen Überblick über die digitale Medienvielfalt, die Chancen und Gefahren. Es soll dir helfen, verschiedene Medien optimal zu nutzen und sie zu verstehen.

Dabei werden dir Begriffe wie Filterblase, Fake News oder Astroturfing begegnen. Manche wirst du schon kennen, andere werden dir vielleicht neu sein. Sie benennen wichtige Themen rund um Medien.

Und ob wir unser Zeitalter nun Medien-, Informations- oder Datenzeitalter nennen, eines ist klar: Wir haben noch nie so viel Zeit am Tag mit Medien verbracht. Vor allem mit einem Gerät, dem Smartphone. Fast jeder hat eins und nutzt es. Es ist ständiger Begleiter, kennt jeden unserer Wege, weiß, welchen Arzt wir besuchen, was wir wissen wollen, wohin wir in den Urlaub fliegen, wie wir über andere denken, wen wir lieben und wohin wir zur Schule oder Arbeit gehen.

Die Firmen, die uns all den Service rund ums Netz bieten, unsere Suchmaschine, das Soziale Netzwerk, der Messengerdienst und das Navi, diese Firmen gehören mittlerweile zu den reichsten der Welt – denn sie besitzen unsere Daten. Mit diesen Daten kann man uns manipulieren.

Seit einigen Jahren versuchen Politiker in Europa, die Medienkonzerne zu mehr Datenschutzmaßnahmen zu bewegen und den im Netz kursierenden Hassbotschaften und Fake News zu begegnen. Vor allem im deutschsprachigen Raum sind neue Suchmaschinen entstanden, die sensibler mit den Nutzerdaten umgehen.

Die Medienwelt endet jedoch nicht bei dir und deinem nahen Umfeld, sie hat auch weltweit politische Auswirkungen. So widmet sich das Buch dem Thema Fake News und der Frage, wie wir ihnen persönlich begegnen können, aber wie auch Staaten und Regierungen gegen Fake News vorgehen. Dabei blicken wir über den europäischen Tellerrand. Denn wer sich mit Fake News beschäftigt, kommt nicht an dem US-Präsidenten Donald Trump vorbei. Auch die Einflussnahme Russlands und anderer Staaten auf das Internet soll beleuchtet werden.

Alles hängt im Medienzeitalter mit allem zusammen, denn jeder ist heute mit jedem verbunden – das kann ein Fluch, aber vor allem eine Chance sein. Sicher stößt du in diesem Buch auf die eine oder andere Frage, die du dir vielleicht selbst schon gestellt hast. Hier findest du mögliche Antworten, viele Hintergrundinformationen und jede Menge praxisorientierter Tipps zum Umgang mit Medien. Wer persönlichen Rat sucht – etwa bei Cybermobbing oder Medienabhängigkeit –, sich genauer über Fake News und Alternative Fakten informieren, nutzerfreundliche Online-Dienste finden, sich aktiv gegen Hate Speech einsetzen oder kreativ als Blogger tätig werden möchte, findet zudem im Anhang jede Menge Links und Ansprechpartner.

Alte und Neue Medien

Was sind überhaupt Medien?

Du willst ein Referat halten und überlegst, wie du die Inhalte am besten darbietest. Natürlich könntest du alles nur erzählen, aber anschaulicher wäre es, etwas zu dem Thema zu zeigen – beispielsweise in Form einer Skizze, eines Fotos oder Films. Dazu benötigst du verschiedene Medien.

Häufig wird der Begriff Medien auch gleichbedeutend für die Presse verwendet beziehungsweise für die Journalisten, die in den Zeitungs- und Rundfunkhäusern arbeiten.

Medien dienen dazu, Informationen weiterzugeben – auf Papier, in Form eines Buches oder einer Zeitung, aber auch auf andere Weise, etwa per Tablet-PC, Smartphone, Computer, Fernsehen oder auf der Tafel in der Klasse.

Übersetzt heißt das Wort Medium so viel wie „Mitte". Ein Medium ist ein Vermittler von Inhalten, in der Mehrzahl spricht man von Medien – und meint damit meist sogenannte *Massenmedien*. Ein *Blogger* schreibt beispielsweise etwas und du kannst es per Smartphone im Internet lesen. Oder dein Freund ist im Urlaub und schickt dir über WhatsApp ein Foto.

Unter Massenmedien versteht man Medien, die sich an viele Menschen, also an Menschenmassen, richten, wie Zeitungen, Radio und Fernsehen sowie das Internet.

Die Neuen Medien unterscheiden sich von den Alten dadurch, dass sie einerseits verhältnismäßig neu sind, also seit den 80er/90er Jahren des 20. Jahrhunderts zunehmend verbreitet, und andererseits dadurch, dass sie dem Nutzer den Zugang zum Internet ermöglichen. Zu den Alten Medien zählen Druck- oder Printmedien (wie Zeitung, Zeitschrift, Plakat und Buch) sowie der Hörfunk, der Film und das Fernsehen. Als Neue Medien bezeichnet man digitale Medien wie den Computer, den Laptop, das Tablet und das Smartphone. Neu ist an diesen Medien auch, dass du über Online-Dienste wie YouTube, WhatsApp, Instagram und Co. die Medien auch interaktiv nutzen kannst. Du bist also nicht mehr nur der passive Konsument (also Zuschauer, Zuhörer oder Leser), sondern kannst eigene Beiträge veröffentlichen und dich mithilfe der digitalen Medien mit anderen Menschen vernetzen und austauschen.

Ein Blogger nutzt eine Website, YouTube oder ein Portal wie Facebook, Instagram und Snapchat, um Texte zu verfassen und Bilder oder Filme hochzuladen. Seine Beiträge verfasst er meist in der Ich-Perspektive.

Alte und Neue Medien

Lies nicht so viel, sonst bekommst du schlechte Augen! Guck nicht ständig fern! Leg doch mal das Handy weg! So meckern Eltern schon immer. Doch heute nutzen wir viel häufiger Medien, deshalb ist die bedachte Nutzung umso wichtiger.

Welche Medien werden am häufigsten genutzt?

Neun Stunden verbringen Jugendliche zwischen 14 und 29 Jahren im Durchschnitt täglich mit Medien (Stand 2018). Fast jeder zwischen 12 und 19 Jahren besitzt ein Smartphone, rund zwei von drei einen PC oder Laptop und etwa jeder zweite hat auch einen Fernseher im Zimmer. Auf die Frage, welches Angebot Jugendliche im Netz besonders lieben, sind sich alle einig: YouTube. Es folgen WhatsApp und Instagram.

Bücher lesen nimmt laut neuesten Untersuchungen 22 Minuten pro Tag in Anspruch. Über die Hälfte der Mädchen meint, dass sie gerne lesen, bei den Jungen ist es jeder vierte. Dabei greifen Jugendliche noch häufiger zum Buch als die Gesamtbevölkerung (19 Minuten), obwohl gerade Erwachsene häufig beklagen, dass Jugendliche zu wenig lesen.

So gut wie gar nicht mehr lesen Jugendliche Zeitungen und Zeitschriften in Papierform. Allerdings schauen sie gerne online bei SPON *(Spiegel Online)* hinein oder in die Bild-App. Die höchste Gaubwürdigkeit genießen bei ihnen ARD und ZDF sowie die überregionalen Tageszeitungen.

Ihre eigenen Fähigkeiten im Umgang mit digitalen Medien schätzen Jugendliche als gut bis sehr gut ein. Viele geben allerdings auch an, schon einmal problematische Erfahrungen mit Online-Medien gemacht zu haben. Fast 13 % aller Jugendlichen haben selbst Cybermobbing erfahren und über 50 % von ihnen haben schon einmal Hasskommentare (Hate Speech) im Internet gelesen.

Die meisten Jugendlichen informieren sich bei Spiegel Online und www.tagesschau.de über gesellschaftspolitische Nachrichten.

Worum geht's in den Medien?

Egal ob Tageszeitung, Zeitschrift oder TV- und Radiosender, sie alle folgen einem Muster. Und selbst die Neuen Medien richten sich nach den immer gleichen Interessen der Menschen.

Ein Medium, das die Bevölkerung rundum informieren möchte, bedient immer die gleichen Themen: Das sind die fünf Ressorts (Themenbereiche) Politik, Wirtschaft, Kultur, Lokales und Sport. Daneben gibt es noch eher unterhaltsame Themen wie Autotests, Beautytipps oder Kochrezepte. Bei Zeitungen werden die Ressorts sogar entsprechend betitelt. Im TV musst du etwas genauer hinschauen. Aber du kannst die einzelnen Sendungen auch dort Ressorts zuordnen.

Gleiches gilt für das Internet. Doch hier geht es oft nicht so geordnet zu: Da kommentieren *Let's Player*, die sich sonst nur mit Spielen auseinandersetzen, auch mal das politische Geschehen. Normalerweise sind aber auch hier die Ressorts getrennt, die Beautybloggerin bloggt Beautytipps und Newsblogger wie LeFloid reden über Politik.

Let's Player sind YouTuber wie Gronkh oder Paluten, die ein Computerspiel vorführen und es kommentieren.

Es gibt allerdings einen Unterschied zwischen den Inhalten im Netz und dem Journalismus der Alten Medien. Zeitungsverlage und Sendeanstalten sind meist darum bemüht, zwischen objektiver, also sachlicher Berichterstattung und subjektiver, das heißt persönlicher Meinung zu trennen. Im Netz gehen Kommentar und Bericht oft durcheinander, weil Blogger fast ausschließlich ihre Sicht der Dinge präsentieren. Der Leser und Zuschauer weiß also nicht, was nur der Annahme und Meinung eines Bloggers oder twitternden Politikers entspricht und was auf Tatsachen beruht. Das ist in der Zeitung, im Radio und im TV deutlicher erkennbar.

Ob Neue oder Alte Medien, Informationen müssen verpackt, also in einer bestimmten Form präsentiert werden, damit der Empfänger sie verstehen und einordnen kann. *Journalisten* nutzen dafür verschiedene Textformen. Welche?

Wie werden Nachrichten und Meinungen verpackt?

Die *Meldung* ist die kürzeste journalistische Textform. Es wird kurz vermeldet, was wann und wo passiert ist. Manchmal ist eine Meldung nur einen Satz lang.

Die *Nachricht* informiert kurz, sachlich und prägnant über eine Neuigkeit. Die sieben W-Fragen werden beantwortet: Wer? Was? Wann? Wo? Wie? Warum? Und woher stammt die Information? Nachrichten in Zeitungen sind meist einspaltig.

In einem *Bericht* schreibt der Journalist möglichst neutral (objektiv) über ein Ereignis. Ein Bericht ist länger als eine Nachricht, oft mehrspaltig. Es werden Hintergrundinformationen und Einzelheiten geliefert und das Geschehen wird eingeordnet. Für den Bericht geht der Journalist meist zum Ort des Geschehens und befragt dort Augenzeugen.

Im *Kommentar* findet die Meinung des Journalisten ihren Platz, er schreibt beispielsweise, was er über die Politik der Regierung denkt. Live-Kommentatoren haben in der Regel gar keine Zeit, jede Aussage abzuwägen, sondern reagieren oft spontan und geben dabei auch ihre eigene Sichtweise wieder.

In einer *Reportage* erzählt der Journalist von einem Ereignis, das er selbst erlebt hat. Dabei sucht er nach einer Mischung von Informationen und seinem eigenen Eindruck.

In einem *Interview* befragen Journalisten einen Interviewpartner. Das kann ein Fachmann sein, der Stellung zu einem Thema nimmt. Oder es ist ein Politiker, der erklärt, warum er dieses oder jenes getan hat.

Journalisten verbreiten Informationen und Meinungen. Meist arbeiten sie für Massenmedien wie Zeitungen, Radio und Fernsehen oder sie arbeiten als Blogger im Netz.

Alte und Neue Medien

Der Kern des Journalismus: Was ist eine Nachricht?

Eine Nachricht informiert kurzgefasst über Ereignisse, die für die Öffentlichkeit interessant und wichtig sind. Sie soll informativ und zugleich leicht verständlich sein. Deshalb ist die Nachricht auf das Wesentliche konzentriert.

Nachrichten in Zeitungen oder Online-Ausgaben sind in der Regel nach einem bestimmten Muster aufgebaut: Die Überschrift (englisch: *head*) soll die Aufmerksamkeit des Lesers wecken, dann beginnt der Nachrichtentext mit den neuesten und wichtigsten Fakten – dieser ist sachlich und knapp gehalten. Manchmal gibt es einen fett oder kursiv gedruckten Vorspann (englisch: *lead*), bevor die näheren Hintergründe zu einem Ereignis erläutert werden.

Inhaltlich ist die Nachricht so aufgebaut, dass das Wichtigste zuerst kommt, das Zweitwichtigste danach und so weiter. Das erleichtert es dem Leser, die grundlegenden Informationen möglichst schnell zu erfassen. Darüber hinaus hat diese Struktur noch den praktischen Nutzen für die Journalisten, dass man die Nachricht zur Not leichter kürzen kann, sollte während der Erstellung einer Zeitungs- oder Online-Ausgabe noch eine wichtigere Nachricht hinzukommen, die mehr Raum benötigt.

Was mit einer Nachricht in einer Zeitung (oder Online-Ausgabe) passiert und wie viel Raum sie dort einnimmt, wird während der Redaktionssitzungen entschieden. Dort legt man den sogenannten Satzspiegel fest, also das Layout. Was als besonders wichtig erachtet wird, kommt ganz nach vorne und wird ausführlicher dargestellt, was nicht so wichtig erscheint, wird anderswo untergebracht und erhält weniger Raum. Denn der Platz in einer Zeitung ist begrenzt – genauso wie die Zeit, die für eine Nachrichtensendung zur Verfügung steht.

Das heißt, Journalisten und Redakteure müssen täglich eine Auswahl treffen: Was erscheint berichtenswert und was eher nicht? Man spricht vom sogenannten „Nachrichtenwert" eines Ereignisses.

Welche Nachricht ist von Wert?

John B. Bogart, ein Herausgeber der New York Sun Ende des 19. Jahrhunderts, beschrieb den Nachrichtenwert einmal so: „Wenn ein Hund einen Mann beißt, ist das keine Nachricht, weil es so oft passiert. Aber wenn ein Mann einen Hund beißt, das ist eine Nachricht." Die oberste Regel für eine Nachricht lautet also: Es muss nicht nur etwas passieren, sondern die Neuigkeit muss unser Interesse wecken. Was aber weckt unser Interesse?

Zuallererst sind solche Neuigkeiten für uns interessant, die uns direkt betreffen. Steigen die Milchpreise um ein Vielfaches, muss man sich überlegen, ob man seinen Latte-macchiato-Konsum zukünftig reduzieren sollte. Journalisten vermelden also oft Ereignisse, zu denen ihre Leser einen Bezug haben. Wichtig ist zudem die Aktualität einer Nachricht. Niemand interessiert sich heute noch für Dinge, die vor zwei Jahren geschehen sind – es sei denn, es waren wirklich weltbewegende Dinge.

Entscheidend ist zudem die Nähe des Ereignisses: Wenn etwas in deiner unmittelbaren Nachbarschaft passiert, ist es für dich interessanter, als wenn es in Timbuktu geschieht.

Manchmal ist für den Wert einer Nachricht außerdem ausschlaggebend, wem etwas passiert. Rutscht irgendwer morgens auf einem Stück Seife aus, wird er es kaum bis in die Nachrichten schaffen. Passiert dasselbe aber einem Star, ist das durchaus eine Schlagzeile wert. Und schließlich wäre da noch der Überraschungseffekt, der mit der „Man-bites-dog-Formel" von John B. Bogart (oben) gut beschrieben wird. Es ist einfach überraschender, wenn ein Mann einen Hund beißt, als umgekehrt.

Wer ist alles im Zeitungswald unterwegs?

Zeitungen sind die Dinosaurier unter den Medien. Bevor es Radio, TV und Internet gab, waren sie die wichtigsten Informationsquellen. Bis heute spielen sie in der Medienlandschaft eine große Rolle. Aber die Zeitungsverlage müssen neu denken, um zu überleben.

Zeitungen erscheinen meist täglich und nennen sich daher Tageszeitungen. Zeitschriften kommen hingegen eher wöchentlich oder in größeren Abständen heraus. Zu ihnen gehören etwa das deutsche Nachrichtenmagazin Der Spiegel oder die österreichische Zeitschrift profil. Bei den Tageszeitungen unterscheidet man zwischen Abonnementzeitungen und Boulevardzeitungen.

Die Abonnementzeitungen kannst du dir nach Hause liefern lassen. Überregional gehören dazu etwa die Süddeutsche Zeitung (SZ) oder auch die Frankfurter Allgemeine Zeitung (FAZ). In der Schweiz fällt die Neue Zürcher Zeitung (NZZ) in die gleiche Kategorie und in Österreich Der Standard.

Es gibt auch Tageszeitungen, deren Schwerpunkt auf der regionalen Berichterstattung liegt. Sie gelten als *regionale Abonnementzeitungen* und tragen Namen wie Kölnische Rundschau oder Mannheimer Morgen. Du liest darin, wer gerade der Vorsitzende im Ortsverein geworden ist oder wo entlang der Fastnachtsumzug verläuft.

Regionale Abonnementzeitungen sind solche, die in einer Region wie dem Rheinland oder in Oberbayern verbreitet sind.

Boulevard ist anfällig für Fake News.

Zwischen Abonnementzeitungen und Boulevardzeitungen gibt es einen großen Unterschied. Boulevardzeitungen wie die Bild oder der Express verkaufen sich am Kiosk und am Zeitungsständer, also quasi auf der Straße – dem französischen *boulevard*. Schon von Weitem erkennst du Boulevardzeitungen daher an ihren großen Bildern und Buchstaben und den reißerischen Überschriften. Es geht oft um Sex, Kriminalität und Skandale. Boulevardzeitungen neigen dazu, zu übertreiben und zu polarisieren. So werden aus Nachrichten leicht Fake News.

Die Boulevardzeitungen erhalten viel Aufmerksamkeit. Sie werden viel häufiger gelesen als die übrigen Zeitungen, sodass sie die Meinung in der Gesellschaft stark beeinflussen. Die Bild hat eine Auflage von 2,25 Millionen, während die Süddeutsche 353 000 Exemplare täglich druckt.

Alle gedruckten Zeitungen gemeinsam haben jedoch ein und dasselbe Problem: Sie werden immer weniger verkauft, denn die Nutzer besorgen sich ihre Informationen lieber kostenfrei im Internet.

Neben der gedruckten Zeitung gibt es daher fast schon flächendeckend Online-Ausgaben von Zeitungen und Zeitschriften. Die im deutschsprachigen Raum wichtigste Online-Zeitschrift ist die des Spiegels. Spiegel Online, kurz SPON, wurde bereits 1994 als redaktionell unabhängiges Angebot online gestellt. Damit war SPON das weltweit erste Nachrichtenmagazin im Internet. Wie andere Online-Zeitungen bietet auch SPON Videos mit Kommentaren an und nutzt Möglichkeiten, die die gedruckte Ausgabe nicht bieten kann.

Gut an den ganzen Online-Ausgaben ist für den Leser, dass die Informationen überall abrufbar, sehr aktuell und meist kostenlos sind. Das Problem für die Zeitungs- und Zeitschriftenverlage: Wie sollen sie mit einem kostenlosen Angebot Geld verdienen, um ihre Journalisten zu bezahlen und auch noch Profit zu machen? Im Gegensatz zu den öffentlich-rechtlichen Sendern erhalten sie keine Gebühren und allein mit Online-Werbung ist der Aufwand nicht zu bezahlen. Daher versuchen viele Zeitungen inzwischen, die Leser dazu zu bewegen, für die Online-Artikel Geld zu zahlen, zum Beispiel *Spiegel+*. Viel Erfolg haben sie damit bisher jedoch nicht.

Mit dem Abonnement Spiegel+ erhält man die komplette Online-Ausgabe des Spiegels.

Die Infoverteiler: Was sind Nachrichtenagenturen?

Zeitungsverlage, TV- und Radiosender sind wichtig. Es gäbe sie vielleicht längst nicht mehr, gäbe es keine Nachrichtenagenturen. Sie sind die Eichhörnchen in der Medienwelt, denn sie sammeln und bündeln Nachrichten für die Medienunternehmen.

Damit die Zeitungen, Radio- und Fernsehsender vernünftig arbeiten können, müssen sie nah am Geschehen sein – also Mitarbeiter vor Ort haben. Doch das kann sich nicht jedes Unternehmen leisten.

Daher gibt es Agenturen. Sie versorgen gleich mehrere Zeitungen und Sender mit Texten, Bildern, Tonaufnahmen und Filmen von Ereignissen rund um die Welt – und sie beschäftigen Journalisten, die schnell arbeiten und Informationen verständlich vermitteln.

In Deutschland ist die Deutsche Presse-Agentur *(dpa)* die bekannteste Nachrichtenagentur. Weltweit sind viele Agenturen unterwegs, so die französische Agence France-Presse *(AFP)*, die US-amerikanische Associated Press *(AP)*, die österreichische Austria Presse Agentur eG *(APA)* oder die Schweizerische Keystone-SDA. Einige Agenturen wie die Katholische Nachrichten-Agentur *(KNA)* oder der Sport-Informations-Dienst *(sid)* haben sich, wie ihr Name schon sagt, spezialisiert.

> Oft liest du Kürzel wie **dpa**, **AFP** oder **sid** vor oder nach einem Artikel. Dann weißt du, dass der Journalist die Informationen der entsprechenden Agentur genutzt hat.

All diese Vermittler von Informationen haben für die Zeitungen und Sender einen Vorteil: Sie sind preiswert, verglichen damit, wenn die Redaktionen zu jedem Ereignis ihre eigenen Journalisten schicken müssten. Da die Agenturen ihre Nachrichten an so viele verschiedene Kunden vermitteln, tragen sie eine große Verantwortung. Sie haben Einfluss darauf, über welche Ereignisse weltweit wie berichtet wird.

Ob jemand will oder nicht: Jeder Haushalt in Deutschland muss 17,50 € Rundfunkgebühren pro Monat bezahlen. Das Geld ist für die öffentlich-rechtlichen Sender (*ARD*, ZDF, Deutschlandradio).

TV und Radio: Warum müssen wir Gebühren zahlen?

In Österreich verhält es sich ähnlich mit dem Österreichischen Rundfunk (ORF) und in der Schweiz mit der Schweizerischen Radio- und Fernsehgesellschaft (SRG). Auf der anderen Seite gibt es private Fernseh- und Radiosender wie ProSieben, SAT.1, n-tv oder RTL. Sie finanzieren sich über Werbung. Man spricht hier von einem *Zweisäulenmodell*.

Während die privaten Sender abhängig von der Wirtschaft sind, müssen die öffentlich-rechtlichen bestimmte gesellschaftliche Leistungen erbringen, weil sie ja von jedem Bürger Geld erhalten. Diese Sender sollen frei zugänglich sein und ein vielfältiges Programmangebot mit Inhalten aus den Bereichen Information, Bildung, Beratung und Unterhaltung bieten. Der Grundgedanke ist, dass die Journalisten des öffentlich-rechtlichen Rundfunks ihre Sendungen im Auftrag der Gesellschaft produzieren.

Damit sich im Programm die Interessen der gesellschaftlichen Gruppen niederschlagen, überwachen Rundfunkräte, Verwaltungsräte, Fernseh- und Hörfunkräte, was gesendet wird und wofür die Gebühren ausgegeben werden. In diesen Räten sind Vertreter aus Politik, Frauenverbänden, Wirtschaft und Kirche.

Manch einen stört es allerdings, dass er Rundfunkgebühren zahlen muss. Zudem werden die öffentlich-rechtlichen Sendeanstalten aufgrund ihrer „Staatsnähe" ab und an als „Staatsfunk" kritisiert. Sie selbst sehen sich aber als unabhängig und nur den journalistischen Grundsätzen und der Gesellschaft verpflichtet.

Zur ARD gehören neun Sendeanstalten, unter anderem der Bayerische Rundfunk (BR), der Norddeutsche Rundfunk (NDR) und der Westdeutsche Rundfunk (WDR), die neben Fernseh- auch Radiosender betreiben. Die Abkürzung ARD steht für: Arbeitsgemeinschaft der öffentlich-rechtlichen Rundfunkanstalten der Bundesrepublik Deutschland.

Das Zweisäulenmodell in Deutschland, Österreich und der Schweiz besagt, dass es neben dem öffentlich-rechtlichen Rundfunk auch private Sender gibt.

Wer ist wer bei den Sozialen Medien?

Soziale Medien (Social Media) sind Plattformen im Internet wie etwa Instagram, Wikipedia oder WhatsApp. Durch die Sozialen Medien kannst du mit anderen chatten, spielen und posten, per Smartphone, PC oder Playstation.

Hier findest du einen Überblick über verschiedene Social Media und deren Unterschiede. Sie alle haben eines gemeinsam: Sie verbinden Nutzer miteinander.

Wikipedia ist ein Online-Lexikon. Jeder kann an diesem *Kollektivprojekt* mitwirken. Man kann bestehende Artikel bearbeiten oder neue verfassen.

Facebook ist das klassische Social Network. Du kannst hier deinen Verein oder deine bevorzugte Partei auf einer Seite vorstellen, Bilder, Artikel, Fotos und Videos posten und liken.

YouTube ist wie *vimeo* eine content community. Jeder kann dort Videos hochladen und mit anderen teilen.

Tumblr ist eine Plattform für Blogger. Hier werden Texte, Fotos oder Videos gezeigt. Problematisch an dieser Plattform ist, dass hier auch Beiträge mit nicht jugendfreien, gewaltverherrlichenden oder pornografischen Inhalten hochgeladen werden können.

Twitter und *Instagram* sind Mikroblogs. Sie ermöglichen es, sich mit kurzen Texten, Fotos und Videos zu präsentieren. Follower können einem folgen und mit einem in Kontakt treten.

WhatsApp, *Threema*, *Snapchat*, *Signal*, *Skype* und *Telegram* sind Instant-Messenger-Dienste (Sofort-Nachrichten-Dienste). Hier kannst du schnell Texte, Fotos und Videos verschicken und teilweise sogar telefonieren oder videochatten.

Massively Multiplayer Online Games (kurz MMOG, zu Deutsch: Massen-Online-Gemeinschaftsspiele) geben dir die Möglichkeit, übers Netz im Spiel miteinander in Kontakt zu treten.

> Ein **Kollektivprojekt** wie das Online-Nachschlagewerk Wikipedia ist darauf ausgerichtet, dass alle gemeinsam – also im Kollektiv – miteinander an einer Sache arbeiten.

2005 ging YouTube an den Start. Zuerst machte die Videoplattform TV-Sendern wie MTV das Leben schwer, heute ist die Google-Tochter die Plattform für Stars der Gaming-, Comedy- und Beautyszene – und für jeden, der glaubt, etwas zu sagen zu haben.

Warum ist YouTube so populär?

Früher waren Film und Fernsehen das Sprungbrett für Stars, heute ist es neben Instagram vor allem YouTube. Denn auf YouTube kann jeder seinen eigenen Kanal einrichten und vor laufender Kamera sein Glück versuchen. Wenn er vielen Nutzern gefällt, ist er bald berühmt. Eben das macht den Reiz von YouTube aus – und natürlich die schier unendliche Menge an Musik- und anderen Videos.

Die YouTuber der Gamerszene tragen oft Künstlernamen wie Dner oder Zombey. Sie zocken Tag und Nacht Fortnite, Minecraft oder Call of Duty, kommentieren ihr Spiel und filmen es. Dann stellen sie die Videos auf YouTube. Das nennt sich „Let's Play", also „Lass uns spielen". Fans nutzen Let's Plays, um Spiele besser zu verstehen, andere gucken Let's Plays nebenher oder zum Einschlafen. Etwa 15 Prozent aller YouTube-Videos entstammen der meist männlichen Gamerszene.

Anders sieht es bei den Beauty- und Produktvideos aus: Hier tragen die Stars weibliche Namen wie Dagi bee und Bibi. Sie zeigen ihren Followern, welche Modetrends neu und welche Lippenstifte besonders kussecht sind.

Wie wichtig YouTube für die Massenkultur ist, kann nicht beziffert werden. Klar aber ist, dass die Stars Außenwirkung besitzen, sie heißen nicht umsonst auf YouTube und Instagram *Influencer*, also Beeinflusser. In Österreich oder der Schweiz nutzen Jungen beispielsweise zunehmend die deutsche Umgangssprache, weil sie so oft deutsche Let's Plays anschauen.

Werbestrategen nutzen die Beliebtheit der **Influencer**, um mit ihnen Produkte für bestimmte Zielgruppen zu vermarkten. Die Influencer erhalten daher manchmal gratis Produkte, damit sie diese in ihren Beiträgen bewerben.

Alte und Neue Medien

Instagram – Was macht ein Influencer?

2010 begann die Erfolgsgeschichte von Instagram. Schon acht Jahre später durchbrach der Microblogging-Dienst die Schallgrenze von einer Milliarde Nutzern weltweit. Für viele gilt Instagram neben YouTube als die Chance, mit Blogging Geld zu verdienen.

Mit diesen Fragen beschäftigt sich das Marketing: Wie biete ich am besten Produkte zum Verkauf an? Wie schaffe ich es, dass der Kunde an ein Produkt glaubt?

Seit Neuestem gibt es einen weiteren Instagram-Dienst: IGTV. Hier können Videos im Hochformat hochgeladen werden, angepasst an die übliche Nutzung des Smartphones.

Microblogging ist eine kurze Form des Blogs. Die Nutzer posten kurze Videos, Fotos oder Texte von sich oder zu einem bestimmten Thema.

Instagram entwickelte sich in den letzten Jahren zu einer einflussreichen Plattform fürs *Marketing*. Hier können Firmen gezielt über Influencer Kunden ansprechen. Dabei wird die emotionale Bindung der Follower zu den Influencern genutzt. Wenn dein Instagram-Star beispielsweise sagt, dass er oder sie die Jeansmarke XY gut findet, hoffen die Hersteller, dass du dir diese Jeans auch kaufst. Dafür bezahlen sie den Influencer. Das macht den „Job" des Influencers natürlich attraktiv. Wie wird man zum Influencer?

Viele Influencer sind bereits zuvor bekannt wie etwa Fußballer oder Musiker. Sie nutzen Instagram, um ihre Fans auf dem Laufenden zu halten. Meist sind sie durch Werbeverträge an Firmen gebunden und halten daher selten Produkte in die Kamera.

Manche Influencer werden aber erst durch *Instagram* oder YouTube bekannt, indem sie sich dort anderen präsentieren. Wer wie sie über Social-Media-Plattformen ein größeres Publikum erreichen möchte, muss seinen Abonnenten etwas bieten. Am besten postet der angehende Influencer dazu regelmäßig zwischen 14 und 17 Uhr, weil statistisch gesehen dann die Nutzer einem am ehesten folgen. Er selbst folgt derweil den angesagtesten Stars, um in deren Followerlisten nach oben zu kommen. Obendrein belegt er seine Posts mit Hashtags und sucht sich coole Orte für Shootings. Allerdings darf man sich keine falschen Hoffnungen machen. Nur die wenigsten *Microblogger* verdienen am Ende wirklich Geld.

Du hast dir das Bein gebrochen und kannst nicht zur Schule. Da erhältst du eine Nachricht mit einem Foto. Sie ist von deinem Mitschüler. Er hat das Tafelbild abfotografiert und schickt dir die Hausaufgaben und Infos zum Unterricht.

Sind Soziale Medien wirklich sozial?

So positiv könnte man Social Media nutzen. Denn jeder kann theoretisch über das Netz mit jedem Kontakt aufnehmen. Unser soziales Miteinander ist im digitalen Raum nahezu unbegrenzt. Das war nicht immer so.

Alles begann mit der Verbreitung von Facebook ab 2004. Plötzlich nutzten viele Menschen das Internet mittels der Social Media. Sie tun es heute meist per Handy. Die wörtliche Übersetzung des englischen Begriffs *Social Media* mit „Soziale Medien" führt schnell zu einem Missverständnis. Als sozial würden wir eigentlich ein moralisch gutes Miteinander verstehen. Bei den Social Media geht es aber nur darum, dass wir uns miteinander vernetzen. Ein „Freund" bei Facebook ist nicht unbedingt ein Freund, mit dem du durch dick und dünn gehst, sondern erst einmal nur ein Klick. Zudem sind Firmen wie Facebook keine sozialen Einrichtungen, sondern profitorientierte Unternehmen.

Kostet das Produkt nichts, bist du das Produkt.

Wenn ein Dienst wie Facebook sich also kostenlos nennt, musst du dich fragen: Womit verdient er sein Geld? Vielleicht mit Werbung? Oder mit der Weitergabe deiner Daten? Vermutlich mit beidem. Generell gilt: Wenn ein Dienst kein Geld für sein Produkt möchte, dann bist du selbst das Produkt. Deine Daten werden in der digitalen Welt dazu genutzt, Geld zu machen. Mit „sozial" im moralischen Sinne hat das nichts zu tun.

Fake News.
Die große Verunsicherung

Was sind Fake News?

Überall hörst du es: Pass auf! Du kannst nicht einfach alles glauben, was du auf dem Handy oder in der Zeitung liest! Vieles stimmt nicht, manches ist sogar absichtlich erlogen und ein Fake! Selbst den Fotos kannst du nicht trauen!

Durch die digitalen Medien und sozialen Plattformen können Betrüger ihre Lügen schnell und weiträumig verbreiten. Früher hätten sie Millionen von Flugblättern drucken müssen, heute reicht ein Klick.

Seit 2016 fällt immer häufiger der Begriff „Fake News". Das hat mit dem damaligen Präsidentschaftswahlkampf in den USA zu tun. Dort behauptete Donald Trump, der Kandidat der republikanischen Partei, dass Zeitungen wie die Washington Post, die New York Times oder Nachrichtensender wie CNN „Fake News" verbreiteten. Sie seien nicht fair ihm gegenüber. All diese Medienhäuser würden mit seiner Gegenkandidatin Hillary Clinton von der demokratischen Partei unter einer Decke stecken. Sogar einflussreiche Menschen in der US-Hauptstadt Washington oder an der New Yorker Wallstreet würden seine Wahl gemeinsam mit der Presse zu verhindern suchen. Donald Trump behauptete, im Gegensatz zur Presse würde nur er die Wahrheit sagen – und er tat es über Twitter.

Später erklärten dann die Zeitungen und TV-Sender, dass Donald Trump selbst Lügen verbreite. Sie zählten sogar seine täglichen Fake News. Der Begriff Fake News wurde in der Folge zu einem geflügelten Wort.

Übersetzt heißt das englische Wort *fake* so viel wie „Fälschung". Eine Fälschung ist nie ein Zufall, es steckt immer die Absicht dahinter, jemanden zu täuschen. Dabei kann es sich um ein verfremdetes Foto handeln, eine absichtliche Falschaussage, eine nicht korrekte Zahl oder eine manipulierte Statistik. Dass die Fälschung absichtlich geschieht, ist ein wichtiger Punkt beim Verständnis von Fake News. Der zweite Teil des Begriffs – also *news* – heißt im Deutschen „Nachricht". Fake News sind demnach gefälschte oder falsche Nachrichten. Man könnte auch Lügen sagen.

In Deutschland gibt es einen Begriff, der ganz ähnlich gebraucht wird: die „Lügenpresse". Damit werden oft öffentlich-rechtliche Fernseh- oder Radiosender und überregionale Tageszeitungen und Zeitschriften beschimpft.

Damit sind also genau jene Medienanstalten gemeint, die sich der Wahrheit verpflichtet fühlen. Für Journalisten ist der Begriff Lügenpresse daher eine Provokation. Sie sehen sich selbst als Vertreter der „Wahrheitspresse". Für uns Bürger ist es auch ein Problem. Denn wenn an diesen Vorwürfen etwas dran ist, wem sollen wir dann noch glauben? Die Presse ist schließlich unser Vermittler von Nachrichten. Sie soll die Arbeit der Politiker kritisch unter die Lupe nehmen und uns über alle die Gesellschaft betreffenden Themen objektiv, das heißt sachlich und neutral, informieren. Wir müssen uns also darauf verlassen können, dass uns die Presse die Wahrheit sagt.

„Lügenpresse" war das Unwort des Jahres 2014.

Warum gibt es so viele Falschmeldungen?

Früher haben sich die Leute aus dem Urlaub Postkarten geschrieben. Heute schicken wir uns Nachrichten per Smartphone. Eine Postkarte brauchte Tage, eine WhatsApp-Nachricht ist sofort da! Das stellt eine große Veränderung für uns dar.

1846 wurde die Rotationsmaschine zum Druck großer Auflagen erfunden. Damit konnten viel mehr Zeitungen in kürzerer Zeit gedruckt werden als zuvor – 20 000 pro Stunde. Die Zeitungsjungen rannten damals durch London, New York und Berlin und riefen ihre Neuigkeiten aus. Jeder wollte seine Nachrichten verkaufen, seine News. Dass bei all der Konkurrenz schon mal die Wahrheit auf der Strecke blieb, ist nur verständlich.

Seit das Internet ab Ende der 1980er Jahre für viele Menschen zugänglich wurde, nahm die Verbreitung von Informationen erneut an Fahrt auf. So richtig ging es mit den Falschmeldungen, also den Fake News, aber erst los, als die breite Masse das Internet für sich entdeckte. Dabei spielten Social-Media-Plattformen wie Facebook, Twitter und Instagram eine große Rolle.

In diesen Jedermanns-Medien kann jeder schreiben, was, wann und wo er oder sie will. Nichts hindert uns mehr daran, mit anderen in Kontakt zu treten und unsere Meinung kundzutun. Und weil jeder seine Story unbedingt weitergeben will, übertreibt der eine oder andere – und verzerrt oder verfälscht dabei die Wahrheit. Da es sich bei den Nutzern im Netz selten um Medienprofis handelt, halten sie viele Informationen, die sie dort erhalten, allerdings für wahr und geben diese falschen Informationen weiter, ohne sie vorher zu prüfen. Fake News können sich auf diese Weise ungehemmt verbreiten.

Die ständige Wiederholung von Fake News führt dazu, dass wir sie nicht mehr so leicht aus unseren Köpfen bekommen. Sie scheinen sich regelrecht einzubrennen. Warum ist das so?

Wie brennen sich Fake News ins Gedächtnis ein?

Der Psychologe Donald Olding Hebb (1904–1985) untersuchte in den 1950er Jahren, wie Menschen lernen und wie sie sich Informationen merken. Dazu studierte er die Funktionsweise des Gehirns. Er fand heraus, dass Nervenzellen, die wiederholt gleichzeitig durch bestimmte Reize angesprochen werden, miteinander verschmelzen. Will man beispielsweise englische Vokabeln lernen und stellt sich zu dem Wort „chair" immer wieder das Bild eines Stuhls vor, so werden dadurch unterschiedliche Gehirnzellen aktiviert. In unserem Kopf verschmilzt das Wort chair quasi mit der Vorstellung des Stuhls. Hören oder lesen wir zukünftig das Wort chair, erscheint vor unserem geistigen Auge sofort ein Stuhl.

Mit Nachrichten oder Fake News funktioniert das ähnlich: Hören wir beispielsweise in verschiedenen Medien immer wieder, dass Menschen aus arabischen Ländern für Terroranschläge verantwortlich gemacht werden, so gehören die Begriffe „Araber" und „Attentäter" bald wie selbstverständlich zueinander. Ein Araber ist also automatisch ein Attentäter. Wird dieser Zusammenhang durch wiederholte Berichterstattung oder durch Kommentare in den Sozialen Medien immer wieder bestärkt, verfestigt sich die Vorstellung vom arabischen Attentäter.

Verheerend ist es, wenn solche Verknüpfungen auch noch durch Fake News unterstützt werden – und beispielsweise Ausländern Straftaten wie Diebstähle oder sexuelle Belästigungen angelastet werden, die sie gar nicht begangen haben.

Wie enttarne ich Fake News?

„Wale können blitzschnell rückwärts schwimmen", „Elvis lebt". Das sind offenkundige Fake News. Wie aber findest du heraus, welche Fakes dir sonst noch als Wahrheit aufgetischt werden? Orientiere dich am besten an folgenden Fragen:

Woher stammt die Information? Seriöse Journalisten geben ihre Quellen an. Fehlt bei einer Nachricht eine Quellenangabe, solltest du von vornherein misstrauisch werden. Ist eine Quelle angegeben, dann prüfe, ob man diese Quelle kontaktieren kann, also ob es dazu eine Anschrift, Website oder E-Mail-Adresse gibt. Dann könntest du dich nämlich dort über den Wahrheitsgehalt der Nachricht rückversichern. Gibt es aber nur einen vagen Hinweis, wird also beispielsweise von einem Erlebnis eines entfernten Bekannten berichtet, dann solltest du der Geschichte nicht allzu viel Glauben schenken.

Wer ist der Verfasser? Gibt er seinen Namen und seine Adresse an, zum Beispiel im Impressum? Oder versteckt sich der Autor hinter einem Pseudonym, also einem Kunstnamen? Wer sich nicht zu erkennen gibt, dem sollte man nicht trauen. Checke auch die Website, auf der die Nachricht veröffentlicht wird: Wer ist für diese Seite verantwortlich? Auch dazu müsste es Angaben im Impressum geben. Und was wird hier ansonsten veröffentlicht? Geht es nur um angebliche Skandale, dann handelt es sich kaum um eine ernst zu nehmende Seite.

Wer, was, wann, wo, wie, warum? Sind die wesentlichen Fragen zu dem Geschehen geklärt? Wenn nicht, legt der Verfasser offenbar keinen Wert darauf, die Hintergründe seiner Nachricht zu ermitteln, oder verschleiert sie absichtlich.

Wer berichtet noch davon? Prüfe, ob auch in anderen Medien und auf anderen Internetseiten von dem Geschehen berichtet wird. Sollte an der Nachricht wirklich etwas dran sein, wird nicht nur einer darüber schreiben. Von wichtigen Ereignissen berichtet garantiert die Presse (Zeitungen, Nachrichtenagenturen, Rundfunk).

Wie wird berichtet? Neigt der Verfasser zu Übertreibungen und reißerischen Darstellungen? Tauchen in dem Text vermehrt Begriffe wie „skandalös", „unerhört", „ungeheuerlich" und „unglaublich" auf? Dann will der Autor womöglich nur die Aufmerksamkeit der Leser gewinnen und legt auf den Wahrheitsgehalt seiner Aussagen wenig wert.

Und wie sachlich berichtet der Verfasser? Journalisten versuchen in der Regel, eine Nachricht möglichst neutral zu vermitteln. Sie vermeiden es also, ihre persönliche Meinung kundzutun – oder wenn sie ihre Meinung sagen, dann kennzeichnen sie dies als Kommentar.

Woher stammt das Bildmaterial? Viele Fakes sind ganz simpel: Ein *Bild* wird einfach in einen falschen Zusammenhang gestellt und schon hat man einen Skandal. Mit der Google-Bildersuche kann man derartige Fakes relativ leicht enttarnen, indem man einfach die ursprüngliche Quelle und den ursprünglichen Zusammenhang der Fotografie heraussucht (siehe Seite 85).

Kommt einem das Foto selbst merkwürdig vor, weil sich beispielsweise Wolkenformationen wiederholen, Schatten unnatürlich fallen oder Motive auffällig am Bildrand angeschnitten sind, kann das auf eine absichtliche Bildbearbeitung hindeuten. Auch in solchen Fällen empfiehlt sich die Bilderrückwärtssuche.

Wer mehr Infos über ein YouTube-Video sucht, kann zudem den YouTube-Checker der Menschenrechtsorganisation Amnesty International nutzen, siehe Anhang.

Was meinen die Profis? Im Netz gibt es mittlerweile viele, die sich darauf spezialisiert haben, Fake News zu enttarnen. Nutze ihr Fachwissen! Im Anhang findest du passende Links (siehe Seite 115 und 116).

Nach der Atomkatastrophe von Fukushima kursierte auf Twitter das Bild eines verkümmerten Gänseblümchens. Es sollte die Folgen der radioaktiven Strahlung verdeutlichen. Doch dabei handelte es sich um einen Fake. Denn die Anomalie hatte eine natürliche Ursache.

Was soll das mit den Alternativen Fakten?

Fake News und absichtliche Falschdarstellungen vergiften das Klima in der Politik. Sie sorgen für Verunsicherung und Vertrauensverlust. Doch wenn es ums eigene Image geht, hat US-Präsident Donald Trump keine Scheu, passende Fakten zu „erfinden".

Es war ein historischer Tag: Donald Trump wurde am 20. Januar 2017 in Washington feierlich in sein Amt als Präsident der USA eingeführt. Hunderttausende Menschen waren gekommen, um die Inauguration (die Amtseinführung) live mitzuerleben, und Millionen schauten an den Bildschirmen zu. Denn der neue Präsident wollte alles ändern. Die bisher führende Klasse von Politikern, Wirtschaftsfachleuten und Journalisten – das sogenannte Establishment – wurde von ihm schlechtgeredet.

Einen Tag nach den Feierlichkeiten behauptete Pressesprecher Sean Spicer, dass noch nie so viele Besucher (nämlich 1,5 Millionen) zur Amtseinführung eines Präsidenten gekommen seien. Dabei war für jeden TV-Zuschauer augenscheinlich, dass noch bei seinem direkten Vorgänger Barack Obama mehr Besucher vor Ort gewesen waren. Als Journalisten Spicer mit dieser Tatsache konfrontierten, drohte er, sie zu verklagen.

Schon während des Wahlkampfs hatte Trump die Presse als Macher von Fake News bezeichnet, aber so hart wie jetzt waren die Journalisten noch nicht angegangen worden. In den westlichen Demokratien hat die Presse normalerweise einen hohen Stellenwert. Sie dient als Übersetzer komplizierter politischer Zusammenhänge für die Bevölkerung und gleichzeitig als Kontrollorgan. Bislang waren sich die Politiker daher einig, dass die Presse geschützt werden müsse. Das war mit dem Tag von Trumps Amtseinführung vorbei. Die Journalisten wurden offen von einem Mitarbeiter der Regierung bedroht.

Damit nicht genug. Wieder einen Tag später, am 22. Januar 2017, trat Trump-Beraterin Kellyanne Conway vor die Kamera und behauptete, dass es sich bei den von ihrem Kollegen genannten Zahlen um „Alternative Fakten" handelte. Dabei gibt es keine Alternative zu Fakten, denn Fakten sind eben deshalb Fakten, weil sie eindeutig und nachprüfbar sind. Ein Begriff wie Alternative Fakten ist ein Widerspruch in sich. Die deutsche Zeitschrift Die Zeit schrieb dazu, dass Trumps Leute „lügen ohne jede Scham" und dass seine Anhänger Freude dabei empfinden, wenn „der Schulhoftyrann" Trump den „Faktennerds" von der Presse mit Dingen wie Alternativen Fakten so richtig einheizt.

Was aber heißt das für den Bürger in einer Demokratie? Er wird verunsichert, da man den Journalisten vorwirft, Fake News zu verbreiten, und gleichzeitig „Alternative Fakten" präsentiert.

Die Neuen Medien unterstützen diese Entwicklung, weil Politiker wie Trump nicht mehr auf die Presse angewiesen sind, um die Bevölkerung zu erreichen. Sie können es per Twitter schneller und direkter und müssen sich dort nicht den kritischen Fragen der Journalisten stellen.

Vergleicht man die Aufnahme seiner Amtseinführung mit der seines Vorgängers Barack Obama (rechts), wird deutlich, dass bei Trumps Feier (links) wesentlich weniger Besucher anwesend waren als bei Obamas.

... Die große Verunsicherung

Gefühlte Wahrheit – Was heißt „postfaktisch"?

In der Schule lernt man, anhand von Fakten vernünftig miteinander zu diskutieren. In Zeiten von Fake News argumentieren manche Politiker aber nicht mehr mit Fakten, sie wollen ihre Gegner nur provozieren. Was wahr ist oder nicht, interessiert sie nicht.

Fakten lassen sich beweisen. Es sind Tatsachen, die meist allgemein anerkannt sind.

Wissenschaftler und Journalisten sprechen heute oft davon, dass wir in einer „postfaktischen Zeit" leben. Das Wort postfaktisch setzt sich zusammen aus dem lateinischen Wort *post*, das „nach" heißt, und dem Wort „faktisch", also an *Fakten* oder Tatsachen gebunden. Man meint also eine Zeit „nach den Fakten", eine Zeit, in der Argumente nicht mehr auf Tatsachen basieren müssen, sondern dazu dienen, den Zuhörer oder Zuschauer zu Emotionen zu bewegen. In der Regel soll er sich über „die anderen" – zum Beispiel die gegnerische Partei oder Menschen mit anderer ethnischer Herkunft – aufregen und empören.

Postfaktisch denkende Politiker diskutieren nicht vernünftig. Wenn du ihnen mit Fakten begegnest, so gehen sie darauf gar nicht ein, streiten sie ab oder bezeichnen dich als Lügner.

Im April 2017 riefen Wissenschaftler zum „Marsch für die Wissenschaft" in Washington auf, um gegen das postfaktische Gerede zu demonstrieren.

Keiner will in den Augen anderer Umweltsünder sein. Größere Unternehmen stehen gerne als ökologisch einwandfrei da. Für einige Konzerne ist das aber schwierig. Sie geben daher viel Geld für das sogenannte „Greenwashing" aus.

Fakes für Firmen – Wie funktioniert Greenwash?

Du hast vielleicht schon einmal gehört, dass sich jemand von seinen Sünden reinwaschen möchte. Will heißen: Er hat etwas Schlechtes getan, möchte aber sein Vergehen durch eine andere Handlung tilgen, also auslöschen – so wie der römische Statthalter Pontius Pilatus, der sich einst mit schlechtem Gewissen die Hände wusch, nachdem er Jesus von Nazareth zum Tode am Kreuz verurteilt hatte. *Greenwash* (zu Deutsch etwa: „sich grünwaschen") ist nichts anderes – nur in Bezug auf Umweltsünden.

Der Ölkonzern BP betrieb beispielsweise ein solches Greenwashing. Früher standen die Buchstaben B und P für British Petroleum (Britisches Öl). Doch die Ölindustrie gilt nicht gerade als umweltfreundlich. Schließlich gehören Erdöl, Kohle und Gas zu den nicht erneuerbaren, fossilen Energien, die der Erde entnommen werden und durch die Freisetzung von Kohlendioxid für den Klimawandel verantwortlich gemacht werden. Dem stehen die als umweltfreundlich geltenden erneuerbaren Energien wie Windkraft und Solarenergie gegenüber.

Die Marketingabteilung von BP hatte nun eine Idee, um das Bild des Konzerns in der Öffentlichkeit zu verbessern: Die Buchstaben B und P sollten fortan für *beyond petroleum* stehen, also „jenseits des Öls". Auch änderte der Konzern sein Logo, es wirkt heute luftiger. Alles soll frischer, freundlicher, ökologischer und grüner sein. Ob sich damit nun auch der Ölkonzern umweltfreundlicher verhält, bezweifeln allerdings Kritiker. Sie halten das Ganze für einen Fake.

Fake News von außen – Wer nimmt da Einfluss?

Hierzulande herrscht Meinungsfreiheit. Das bedeutet, dass wir auch die Meinungen anderer aushalten müssen. Schwierig wird es allerdings, wenn Regierungen anderer Länder gezielte Meinungsmache gegen unser Land betreiben.

In Deutschland leben 2,9 Millionen türkischstämmige Menschen. Und über 4,5 Millionen Einwohner sprechen Russisch. Es ist logisch, dass sich diese Menschen für die Politik in ihren Herkunftsländern interessieren. Sie informieren sich dabei vorwiegend über Fernsehsender und Internetportale aus dem Ausland. Manche der Eingewanderten leben geradezu in einer türkischen beziehungsweise russischen „Medienblase".

Das wissen auch die Präsidenten von Russland und der Türkei. Immer wieder pochen Wladimir Putin und Recep Tayyip Erdoğan auf das „nationale Wirgefühl". Sie wollen also, dass die Türken in Deutschland stolz sind, Türken zu sein, und die Russen stolz darauf sind, russisch zu sein. Dadurch spalten sie diese Volksgruppen von den Deutschen ab. In diesem Sinne verzerren sie Fakten oder poltern gegen die deutsche Regierung.

Russische *Propaganda* wird hierzulande beispielsweise über den Sender Russia Today verbreitet, der seit 2014 sein Angebot auch auf Deutsch ausstrahlt. Besitzer ist das russische Staatsunternehmen Rossija Sewodnja („Russland heute"). Die Sendungen sind geprägt vom Denken der russischen Staatsführung. Ebenfalls von Rossija Sewodnja stammt das zweite Sprachrohr der russischen Regierung: Sputnik, ein Nachrichtenportal und eine App, die es ebenfalls auf Deutsch gibt. Als das Portal Sputnik 2014 vorgestellt wurde, sprach der ARD-Korrespondent Markus Sambale von einem regelrechten „Informationskrieg".

Propaganda kommt von dem lateinischen Begriff *propagare* und heißt so viel wie „weiter ausbreiten" oder „verbreiten". Propaganda ist ein bisschen wie Werbung, nur geht es dabei um Politik.

Internet-Trolle haben nichts mit Fabelwesen aus Fantasy-Büchern zu tun, sondern sind Menschen. Sie sitzen vor ihrem Computer, Handy oder Tablet und hetzen gegen andere oder verbreiten Falschnachrichten. Manche tun es für Geld, andere aus Überzeugung.

Was macht der Troll in der Trollfabrik?

Zum ersten Mal wurden „Trolle" 2003 erwähnt, damals waren es russische Trolle. Aber erst mit dem *Ukraine-Konflikt* gerieten die Trolle 2014 mehr ins Licht der Öffentlichkeit. Trolle wollen durch Kommentare in den Sozialen Medien oder den Kommentarleisten der Online-Presse unser Denken beeinflussen. Sie verwenden nie ihren eigenen Namen, sondern legen sich ein falsches Konto, einen Fakeaccount, zu.

Namentlich bekannt und berühmt wurde die ehemalige Trollin Ljudmilla Sawtschuk. Sie schrieb Anfang 2015 für die sogenannte Agentur zur Erforschung des Internets im russischen St. Petersburg. Ihr Job war es, in Chatrooms und Blogs den russischen Präsidenten Wladimir Putin und seine Politik zu loben. Ljudmilla Sawtschuk berichtete davon, dass die Trolle in Zwölfstundenschichten in einem Hochhaus, der „Trollfabrik", arbeiten. Meist arbeiten sie ihre Schichten nonstop ohne Pausen durch.

Ähnlich geht es wohl in der Türkei zu. Von rund 6 000 Trollen, die das Regime von Recep Tayyip Erdoğan unterstützen und die Meinung im In- und Ausland lenken, ist die Rede. Die Enthüllung dieser „Armee" von Trollen kam durch die Plattform *Wikileaks* ans Tageslicht. Lange glaubte die türkische Regierung, es reiche, die Zeitungen, das Radio und das Fernsehen zu kontrollieren. Erst als es bei Demonstrationen in Istanbul 2013 auf dem Taksim-Platz zu Ausschreitungen kam, änderte die Regierung ihre Politik und versucht seither, die Menschen über das Internet zu beeinflussen.

Ukraine-Konflikt: In der Ostukraine kämpfen seit Februar 2014 ukrainische Soldaten gegen von Russland unterstützte Aufständische, die sich von der Ukraine abspalten wollen.

Wikileaks ist eine Enthüllungsplattform im Internet. Auf ihr werden sonst nur schwer zugängliche Informationen veröffentlicht.

39 | ... Die große Verunsicherung

Warum solltest du vor bots auf der Hut sein?

Nicht immer ist ein Mensch der Verfasser von Fake News und nicht immer teilen oder liken echte Menschen Inhalte im Netz. Häufig stecken sogenannte „bots" dahinter. Das sind Softwareprogramme, die so tun, als seien sie aus Fleisch und Blut.

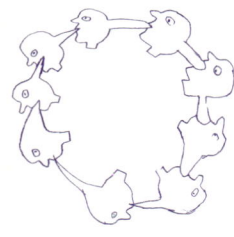

Fakeaccounts sind gefälschte Nutzerkonten.

Das Wort *bot* ist die Kurzform von *robot*, also Roboter. Damit gemeint sind spezielle Computerprogramme, sozusagen Software-Roboter. Ein bot kann sogar hinter einem *gefakten Account* auf Facebook, Twitter und Co. stecken, man spricht dann von einem „social bot". Die Accounts solcher bots besitzen manchmal ein Profilbild und eine eigene erfundene Biografie. Sie folgen dir, liken dich und handeln wie ein menschlicher Nutzer. Ein bot legt in der Regel los, wenn ein bestimmtes Codewort fällt. Häufig folgen sich sogar bots gegenseitig in Sozialen Netzwerken – mit und ohne Absicht.

Warum aber sind bots überhaupt ein Problem? Weil es sehr viele gibt. Man kann sich für wenig Geld eigene bots kaufen und so seine Meinung oder Fake News blitzschnell verbreiten.

Das Symbol # wird als Hashtag bezeichnet. Man versteht darunter ein Schlagwort, das einem die Suche nach einzelnen Themen erleichtert.

Bots, die sich mit Politik oder sozialen Themen beschäftigen, heißen „Meinungsbots". Sie machen uns glauben, dass ganz viele Menschen eine bestimmte Meinung haben. Häufig wird durch Meinungsbots millionenfach gegen eine Person, zum Beispiel einen Politiker, gehetzt. Oder es wird ein *Hashtag* verbreitet, sobald der Name eines Politikers fällt. Beispielsweise: #nahlesforkanzlerin, #merkelmussweg oder #merkelforkanzlerin.

Medienfachleute befürchten, dass bots zukünftig immer stärker politische Wahlkämpfe beeinflussen könnten.

Nutzer, die bots einsetzen, kämpfen also um unsere Aufmerksamkeit. Für normale Nutzer ist nicht zu erkennen, ob es sich um bots handelt. Vor der Bundestagswahl 2017 hatten sich deshalb in Deutschland die großen Parteien geeinigt, auf bots im *Wahlkampf* zu verzichten.

Wie schwerwiegend das Botproblem allgemein ist, merkst du daran, dass du ab und an im Netz gebeten wirst, ein Feld mit Buchstaben und Zahlen auszufüllen oder Bildausschnitte mit bestimmten Inhalten auszuwählen. Nur mittels dieser *Captchas* kann der Betreiber der Seite sicher sein, dass du kein bot bist, sondern ein Mensch.

Bots können sogar Freundschaften anfragen. So hast du schnell Tausende „Freunde" und keiner davon hat Körpertemperatur. Politikern passiert dies ständig. Man schätzt, dass ein Drittel der *Follower* von Politikern bots sind.

Sogenannte Captchas sind Programme, die einen menschlichen Nutzer von einem bot unterscheiden sollen.

Follower sind Nutzer, die dir im Netz folgen, also deine Beiträge regelmäßig anschauen.

Wie erkennst du social bots?

Bots zu erkennen ist schwierig, aber du kannst es zumindest versuchen. Checke dazu folgende Dinge. Treffen ein oder mehrere Punkte auf den Verfasser eines Beitrags zu, handelt es sich womöglich um einen bot.

Checke den Namen: Ist es ein Fantasiename? Oder gibt der Nutzer gar keinen Namen an?

Checke den Text auf Fehler: Kann der Verfasser schlecht Deutsch? Enthält der Text auffällig viele Grammatikfehler? Hat der Schreiber nur einen geringen Wortschatz?

Checke das Verhalten: Tweetet der Verfasser extrem häufig – über 50 Tweets am Tag? Ist er Tag und Nacht im Netz unterwegs? Antwortet er nur auf einfache Fragen? Likt er extrem schnell?

Checke den Inhalt: Meldet sich der Verfasser zu den immer gleichen Themen?

Ein Problem bei der Bekämpfung von social bots ist, dass die Betreiber von Plattformen wie Facebook oder Twitter kein wirkliches Interesse an deren Bekämpfung haben. Schließlich ist ihr Unternehmen mit jedem neuen aktiven Account mehr wert.

Astroturfing – Wie wird Meinung von oben gemacht?

Stell dir vor: Hunderttausende Schüler posten, teilen und liken, dass sie für ein Abitur nach 14 Schuljahren sind. Ihr Motto: „Lasst uns mehr Zeit zum Lernen! Arbeiten müssen wir noch lange genug!" Was würde passieren?

Andere Schüler würden die Posts lesen und sich erst einmal wundern, denn von einem Abitur nach 14 Jahren Schule hätten sie bis dahin noch nichts gehört. Bei einer entsprechenden Umfrage im Netz würden womöglich viele Gymnasiasten spontan für das 14-Jahre-Abi stimmen. Spätestens jetzt würden alle Schüler und Eltern darüber reden und auch Politiker, Lehrer, Direktoren und Journalisten.

Solche Bewegungen, die von unten (also von der Basis der Gesellschaft ausgehend) beginnen und nicht von Politikern oder Verbänden angestoßen werden, nennen sich „Graswurzelbewegungen" oder auf Englisch *grassroot campainings*.

Nun gibt es aber auch gefakte Graswurzelbewegungen. Dabei wird der Anschein erweckt, als ob sich ganz viele Menschen für ein Thema einsetzten. In Wahrheit wird die Bewegung aber von einzelnen Konzernen oder Firmen gesteuert. Man spricht bei diesem Vorgehen von *astroturfing*. Es dient der Verzerrung von Wirklichkeit und fällt damit unter die Kategorie Fake News.

Dazu werden häufig sogenannte Trolle engagiert – also Nutzer, die mit mehreren Fakeaccounts arbeiten und gezielt Meinungen im Netz verbreiten. Die Trolle nutzen überdies bots, die für sie teilen, liken und posten. Manche Trolle manipulieren auch Wikipedia-Einträge und bombardieren Zeitungen und Rundfunksender geradezu mit E-Mails, Leserbriefen und Videos. Firmen, Verbände und Politiker, die die Trolle bezahlen, stoßen auf diese Weise Diskussionen an und manipulieren andere Nutzer.

AstroTurf ist eine US-amerikanische Marke für Kunstrasen. Eine künstliche, von oben gesteuerte Graswurzelbewegung bezeichnet man daher als astroturfing. Man könnte auch Kunstrasenbewegung sagen.

Fake News gibt es schon ewig

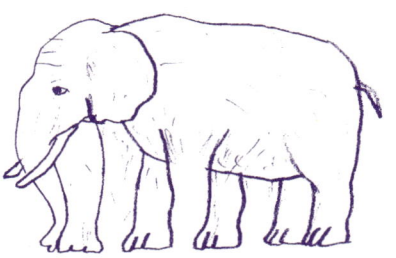

Wie überlebte eine Lüge die Jahrtausende?

Fake News sind heutzutage in aller Munde. Aber ist dieses Phänomen tatsächlich neu? Nein, Fake News gab's eigentlich schon immer. Die erste bewusst gefälschte Nachricht, von der wir heute wissen, stammt aus dem Alten Ägypten.

Es geschah um 1274 v. Chr. Damals kehrte *Pharao Ramses II.* zurück aus einer Schlacht gegen die Hethiter nahe Kadesch. Die Stadt lag an der Westgrenze des heutigen Syriens. Ramses II. behauptete, er habe die Hethiter haushoch besiegt. Tausende ihrer Streitwagen seien zerstört. Doch nichts davon stimmte, Ramses war geschlagen worden.

Weil aber niemand wagte, die Worte des gottgleichen Pharaos anzuzweifeln und es damals auch nicht so etwas wie Kriegsberichterstatter gab, schlugen die Steinmetze sogleich den großen Triumph ihres Pharaos in Stein und die Lüge wurde zur Wahrheit. Ein übermächtiger Ramses II. trieb demnach seine Feinde in den Fluss Orontes. Jeder Ägypter glaubte von da an, dass Ramses ein unglaublich kluger Feldherr war. Noch heute kann man diese erste Falschmeldung der Geschichte in Theben bewundern – und garantiert sind auch heute noch viele Besucher von der Durchschlagskraft des einstigen Pharaos beeindruckt.

Wie wir wissen, blieb Ramses II. nicht der einzige Herrscher, der die Geschichte zu seinen Gunsten beeinflusste. Auch heute versuchen *Autokraten*, Kritikern und Journalisten den Mund zu verbieten. Sie befürchten, dass sonst ihre Fake News und Manipulationen zu leicht auffliegen. In Demokratien befürworten die Regierenden dagegen den freien Journalismus und die Meinungsfreiheit. Tun sie das nicht, kann man auch nicht von einer Demokratie reden.

So lange wie Pharao Ramses II. war kaum jemand Staatsoberhaupt. Er führte Ägypten 66 Jahre lang, von 1279 bis 1213 v. Chr.

Autokratie ist altgriechisch und heißt so viel wie Selbstherrschaft. Der **Autokrat** oder auch eine autokratisch regierende Gruppe bestimmt unkontrolliert und eigenmächtig über die Geschicke eines Landes und seiner Einwohner.

Man sagt: „Lügen haben kurze Beine!" Damit meint man, dass Lügner schnell entlarvt werden, weil sie meist Fehler machen. Aber das stimmt nicht immer. Die wohl größte Falschmeldung der Geschichte hatte verdammt lange Beine.

Warum sollte man immer genau hinschauen?

Es war im Jahr 317 n. Chr. Zu dieser Zeit regierte Kaiser Konstantin der Große in Rom. Weil ihn Papst Silvester I. von der Lepra geheilt und getauft hatte, überließ Konstantin dem Papst die Stadt Rom. Zudem schenkte er der katholischen Kirche die Westhälfte des römischen Reiches und das gesamte Erdenrund obendrein. Also einfach alles und das *usque in finem saeculi* – zu Deutsch: bis ans Ende der Zeit. Als sei das noch nicht genug, verlegte Konstantin die Hauptstadt seines Kaiserreiches von Rom nach Byzanz. So hieß damals Istanbul (in der heutigen Türkei). Der Papst konnte nun also ganz allein und ungehindert in Rom herrschen – geradezu märchenhaft.

Tatsächlich war das Ganze auch nur ein Märchen, denn bei der Schenkung handelte es sich um eine Fälschung. Die Schenkungsurkunde wurde erst 500 Jahre später verfasst. Doch die Menschen glaubten weitere 600 Jahre lang den Betrug.

Erst 1440 schaute sich der Gelehrte *Lorenzo Valla* das Dokument genauer an. Ihm fiel auf, dass in dem Schriftstück die Stadt Byzanz als Konstantinopel bezeichnet wurde. Dabei hieß sie 317 n. Chr. noch Byzanz! Das konnte also gar nicht stimmen. Der Fälscher hatte einen dummen Fehler gemacht. Aber das fiel zu spät auf. Die katholische Kirche hatte mittlerweile längst Fakten geschaffen. Wer wollte jetzt noch dem Papst seinen Sitz in Rom wegnehmen – nach über 1000 Jahren? Was lernen wir daraus? Man sollte immer zweimal hinschauen, bevor man einer Behauptung Glauben schenkt.

Der Gelehrte Lorenzo Valla (1407-1457) hat Texte auf ihren Wahrheitsgehalt hin überprüft und deckte die größte Falschmeldung der Weltgeschichte auf.

Was haben Fake News mit Verfolgung und Diskriminierung zu tun?

Mit Fake News und Lügen wird häufig gegen andere gehetzt. Und das so lange, bis keiner mehr Mitleid mit den Opfern hat. Oftmals trifft es dabei Menschen mit einer anderen Hautfarbe, Religion oder Herkunft.

1307 kam es in Paris zu einer Hetzjagd auf die „Arme Ritterschaft Christi und des salomonischen Tempels zu Jerusalem", kurz die „Templer". Diese Ritter waren während der Kreuzzüge von Frankreich nach Jerusalem marschiert, um dort gegen Muslime zu kämpfen. Wir würden sie heute als eine Eliteeinheit bezeichnen. Auch wenn sie sich als „arm" bezeichneten, waren die Ritter genau das Gegenteil: Sie besaßen Land, kontrollierten Banken und horteten angeblich einen riesigen Schatz. Genau dieser Reichtum sollte ihnen am Ende zum Verhängnis werden.

Denn der französische König Philipp IV. (1268-1314) war pleite – und er war zudem bei den Templern verschuldet. Um an die Besitztümer der Templer zu kommen, ließ er Gerüchte über sie streuen. Demnach seien sie ungläubig und homosexuell, was damals schwere Vergehen waren. So brachte er das Volk gegen sie auf. Die Templer wurden verfolgt und gefoltert, bis sie ihre angeblichen Schandtaten gestanden. Schließlich wurde der Orden 1312 aufgelöst. Philipp IV. hatte mit seiner Hetzerei und den Fake News ganze Arbeit geleistet.

Doch finanziell brachte ihm die ganze Intrige nichts: Denn der Besitz der Templer wurde vom Papst an die Johanniter übertragen. Abgesehen von dem „Schatz", der wohl ebenfalls ein Fake war. Den Johanniter-Orden gibt es noch heute. Er ist unter anderem Träger von wohltätigen Einrichtungen wie der Johanniter-Unfall-Hilfe e.V.

Die *Protokolle der Weisen von Zion* waren ein erfundenes Dokument, das Millionen von Menschen das Leben kostete. In Deutschland hatte der Fake besonders schlimme Folgen, da die Nationalsozialisten ihn unter anderem als Begründung zur Judenverfolgung nutzten.

Wie entzündete eine Lüge den Judenhass?

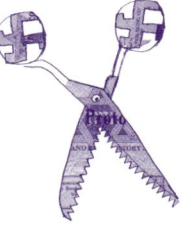

1903 wurden die *Protokolle der Weisen von Zion* erstmals auf Russisch veröffentlicht. Sie enthielten die angeblichen Protokolle von Versammlungen von Juden, die die Weltherrschaft an sich reißen wollten. Nichts davon war wahr, doch die Texte erzielten eine große Wirkung. Erst in Russland und später in ganz Europa hatten die Menschen Angst vor der jüdischen Verschwörung.

Knapp zwanzig Jahre später stellte die Londoner Times die Falschheit der Papiere offiziell fest. Doch mittlerweile glaubten viele an die Echtheit der Protokolle. In Deutschland nutzten die Nationalsozialisten die Schrift in verheerender Weise. Ihren Höhepunkt fand die Hetze in der Nacht vom 9. auf den 10. November 1938, der sogenannten Reichskristallnacht: Da zogen die Menschen durch München und Berlin, verbrannten jüdische *Synagogen* und ermordeten Hunderte Juden.

Bis heute wirken die gefälschten Protokolle in arabischen Ländern nach, wenn gegen Israel und die Juden gehetzt wird.

Synagogen dienen den Juden zum gemeinsamen Beten wie den Christen die Kirchen und den Muslimen die Moscheen.

Die deutschsprachige Erstausgabe der **Protokolle der Weisen von Zion** erschien 1920 zunächst unter dem Titel *Die Geheimnisse der Weisen von Zion*.

Wo hört die Kunst auf und fangen Fake News an?

„Es war einmal ..." Wenn du das hörst, weißt du, dass dir ein Märchen erzählt wird. Und du weißt: Märchen sind erfunden. Aber manchmal erzählt dir ein Verfasser auch ein Märchen und tut so, als ob alles wahr sei. Zählt das dann zu den Fake News?

Es gibt Schriftsteller, die fälschen und verfälschen Ereignisse. Der berühmteste unter ihnen war der Engländer Daniel Defoe. Er lebte vor rund 350 Jahren in London. Bekannt wurde er durch die Geschichte von Robinson Crusoe. Sie handelt von einem auf einer einsamen Insel gestrandeten Mann. Tatsächlich hatte es damals ein ähnliches Schicksal gegeben. Defoe nannte das Buch aber einen „Bericht", obwohl der Großteil seiner Geschichte frei erfunden war. War das also ein Fake? Zumindest hatte Defoe die Leser bewusst in die Irre geführt.

1722 verfasste Defoe ein weiteres Buch mit dem Titel *Die Pest zu London*. Der Untertitel lautete: *Geschrieben von einem Bürger, der die ganze Zeit in London gewesen ist. Niemals zuvor veröffentlicht.* Tatsächlich wütete 1664/65 die Pest in London, doch Defoe hatte sich die Schicksale und Namen in seinem Buch ausgedacht und die Leser durch Formulierungen wie „Niemals zuvor veröffentlicht" anzulocken versucht. Fast 200 Jahre lang hielten die Menschen seinen angeblichen Augenzeugenbericht für echt.

Boulevardzeitungen sprechen häufig von „**Sensationen**" und „**Enthüllungen**", um die Aufmerksamkeit der Leser zu gewinnen.

Heute findest du solche marktschreierischen Formulierungen seltener in Büchern, aber oft genug im Netz und in Zeitungen, wo von *„Sensationen"* und *„Enthüllungen"* die Rede ist. In der Fachsprache nennt man das Skandalisierung. Als skandalös können wahre oder erfundene Ereignisse dargestellt werden. Oft scheint den Verfassern der Wahrheitsgehalt fast egal zu sein, es geht ihnen lediglich darum, Emotionen bei den Lesern zu wecken.

Seit wann lügen auch Bilder?

Vor der Erfindung der Fotografie konnten sich die Menschen in der Regel auf ihre Augen verlassen. Heute haben wir es oft mit gefakten, also bearbeiteten oder verfremdeten Fotos zu tun. Und wir fallen darauf herein, weil uns alles, was wir sehen, auf Anhieb als wahr erscheint.

1917 besaß in Russland kaum jemand einen Fotoapparat, geschweige denn eine Filmkamera. In St. Petersburg wollte damals Wladimir Iljitsch Lenin den russischen Zaren stürzen. Er rief also zur Revolution auf. Lenin war Teil einer Gruppe von Sozialisten, die die Herrschaft über Russland an sich reißen wollten. Die Sozialisten glaubten an eine fairere Gesellschaft. Am 8. November 1917 feuerte das Kanonenboot *Aurora* auf dem nahe gelegenen Fluss Newa einen Schuss ab, der das Startsignal für die „Erstürmung" des Zarenpalais gab. Es folgte eine vergleichsweise unspektakuläre Verhaftung der Provisorischen Regierung, da niemand ernsthaft Widerstand leistete. Später wurde das Ganze als „Große Sozialistische Oktoberrevolution" verkauft. Es war ein wichtiger Tag in der russischen Geschichte, nur dummerweise gab es keine Bilder von der sogenannten Revolution.

Für Lenin war das unbefriedigend. Er wollte dem Volk zeigen, wie tapfer die Sozialisten gekämpft hätten. Deshalb wurde drei Jahre nach der Revolution die Erstürmung des Palais in einem gigantischen Theaterstück nachgespielt – nur mit mehr Schießerei und Action. 10 000 Darsteller und 60 000 Zuschauer wurden zum Winterpalais gekarrt und man produzierte einen gigantischen Fake.

Den Machthabern in Moskau gelang es, siebzig Jahre lang das Bild von der glorreichen Oktoberrevolution in der *Sowjetunion* – dem Staat, den Lenin ausrief – aufrechtzuerhalten. Auch in Westeuropa und den USA glaubten viele daran.

Die **Sowjetunion** (1922-1991) war ein Einparteienstaat, zu dem auch Russland gehörte.

Was haben Kriege mit Fake News zu tun?

Dem ersten Schuss in einem Krieg geht oft eine absichtlich in die Welt gesetzte Falschmeldung voraus. Denn der Angreifer sucht immer einen Grund für den Krieg – und muss ihn notfalls erfinden. Manchmal wird dazu ein regelrechtes Theaterstück aufgeführt. So wie im Jahr 1939.

Und das war so: Am 31. August 1939 überfiel ein Trupp Bewaffneter den deutschen Radiosender Gleiwitz an der polnischen Grenze, um kurz darauf über den *Volksempfänger* zu verkünden: „Achtung, Achtung! Hier ist Gleiwitz. Der Sender befindet sich in polnischer Hand. Die Stunde der Freiheit ist gekommen. Hoch lebe Polen!"

Jeder Deutsche glaubte jetzt, dass polnische Soldaten in den Sender eingedrungen seien, doch es waren in Wahrheit Deutsche von Hitlers Schutzstaffel (SS). Es war wie ein Theaterstück – mit grausamen Folgen. Denn nun hatte Hitler ein Argument, um Polen anzugreifen. Schließlich konnte er behaupten, Deutschland sei zuerst angegriffen worden. Entsprechend verkündete er am 1. September 1939, also am folgenden Tag: „Polen hat heute Nacht zum ersten Mal auf unserem eigenen Territorium auch mit bereits regulären Soldaten geschossen. Seit 5 Uhr 45 wird jetzt zurückgeschossen. Und von jetzt ab wird Bombe mit Bombe vergolten."

Das war der Beginn des Zweiten Weltkriegs.

Der **Volksempfänger** war ein Radioapparat, der kurz nach der Machtergreifung durch Adolf Hitler in Deutschland hergestellt wurde. Über die Volksempfänger verbreiteten die Nazis ihre Propaganda.

Werbefachleute arbeiten mit den Mitteln der Psychologie. Um Waren oder Botschaften an den Mann zu bringen, versuchen sie, unsere Gefühle anzusprechen. Wer es geschickt anstellt, kann uns auf diese Weise sogar einen Krieg „verkaufen".

Wie machte eine Werbeagentur den Krieg populär?

1990 marschierten irakische Truppen in den Nachbarstaat *Kuwait* ein. Um nun die Regierung der USA unter dem damaligen Präsidenten George Bush zur Hilfe zu drängen, ersann die kuwaitische Regierung einen unglaublichen Plan: Sie ließ das sechzehnjährige kuwaitische Mädchen Nayirah as-Sabah öffentlich im US-Kongress reden. Das Mädchen berichtete von irakischen Soldaten, die Frühgeborene im Krankenhaus brutal aus ihren Brutkästen gerissen und somit getötet hätten. Die Amerikaner sahen und hörten das weinende Mädchen und wollten Kuwait sofort helfen. So begann der erste Irakkrieg der USA.

Doch die Aussage des Mädchens war ein Fake. Nayirah as-Sabah war nie in dem Krankenhaus gewesen, von dem sie berichtete. Damit ihre Aussage überzeugend klang, hatte eine Werbeagentur das Mädchen auf ihren Auftritt genauestens vorbereitet.

2003 folgte Irakkrieg Nummer zwei. Diesmal sollte der irakische Herrscher Saddam Hussein gestürzt werden. Mittlerweile hieß der US-Präsident nicht mehr George Bush, sondern George W. Bush. Seine Regierung präsentierte der Öffentlichkeit gefälschte Fotos von geheimen irakischen Chemiewaffenlaboren. Man ließ alle Welt glauben, der Krieg sei notwendig, um einen Angriff des Iraks auf die USA zu verhindern. In Wahrheit ging es aber um wirtschaftliche Interessen der USA.

Was kann uns vor derartigen Lügen schützen? Vor allem Journalisten, die sich frei informieren dürfen und die nicht abhängig von Politikern oder Geldgebern sind.

Das Emirat **Kuwait** ist ein Staat, der von der Ölförderung lebt und zum größten Teil aus Wüste besteht.

Wie werden Journalisten benutzt?

Im Krieg sind die Kriegsberichterstatter die Augen und Ohren der daheimgebliebenen Bevölkerung. Doch um diese Journalisten für ihre politischen Zwecke zu benutzen und die Kriegsberichterstattung zu beeinflussen, lassen sich Regierungen immer neue Methoden einfallen.

Elf Jahre lang kämpften die USA in Vietnam (1964-1975). Damals ließ die Regierung den Journalisten viel Freiheit. Das Resultat: Die US-Bevölkerung bekam grausame Bilder zu sehen und war schließlich gegen den Krieg. 2003, im Zweiten Irakkrieg, änderte die US-Regierung daher ihren Umgang mit den Journalisten und machte sie zu *embedded journalists* – zu eingebundenen Journalisten. Damit werden Kriegsberichterstatter bezeichnet, die einer militärischen Einheit zugeordnet sind. Sie sehen und filmen nur, was die Offiziere wollen.

Im damaligen Irakkrieg sah man im Fernsehen daher vor allem Bilder von sogenannten „intelligenten Bomben" *(smart bombs)*, die punktgenau militärische Ziele ausschalteten. Alles wirkte sauber, wie in einem Computerspiel. In Wahrheit wurden jedoch kaum smart bombs eingesetzt, die meisten Bomben waren eher dumme Bomben und töteten viele Zivilisten.

Das Internet stellt heute viele Politiker, die die Öffentlichkeit in ihrem Sinne beeinflussen wollen, vor Probleme: Sie können schwer verhindern, dass ein YouTuber in Syrien den Schaden, den eine nicht-smarte Bombe anrichtet, filmt und auf YouTube veröffentlicht. Wobei auch solche Quellen mit Vorsicht zu genießen sind, da sie meist nur die Sichtweise eines Einzelnen widerspiegeln. Außerdem lässt sich das Filmmaterial schlecht durch Journalisten auf seine Echtheit hin prüfen, und bisweilen handelt es sich auch hierbei um Fakes. Angeblich zahlen Regierungen den Fälschern manchmal sogar Geld für gefakte Videos.

Populisten, Politiker und die Presse

Wer ist rechts und wer links?

Im Zusammenhang mit Fake News wird oft behauptet, dass „die Rechten", insbesondere die AfD, Fake News produzieren. Aber was heißt eigentlich „rechts"? Und warum werden andere Parteien als „links" bezeichnet oder der „Mitte" zugeordnet?

PROSIT!

Wer im Parlament rechts sitzt, ist politisch rechts. Und wer links sitzt, ist links – und zwar aus der Perspektive des Vorsitzenden. Damit ist aber noch nichts über die Inhalte von rechter und linker Politik gesagt. Um die zu verstehen, muss man ein wenig in die Geschichte der Parlamente schauen.

Angefangen hat alles nach dem Sturz des französischen Feldherrn und Kaisers Napoleon Bonaparte 1814/15. In Frankreich saßen damals die Abgeordneten in der Deputiertenkammer (einer Art Parlament). Die Vertreter des Adels erhielten den Ehrenplatz zur Rechten des Vorsitzenden. Da der Adel möglichst viel Macht behalten wollte, war er nur schwer zu Neuerungen zu bewegen. Er wollte das Bisherige konservieren, also bewahren. Schließlich hatten die Adeligen in den vorangegangenen Jahrhunderten Land, Besitz und Privilegien angehäuft. In ganz Europa gab es damals noch Adelige. Sie trugen Titel wie Baron, Fürst, Herzog, Graf, *König*, Kaiser oder Zar. Endgültig verlor der Adel seine politische Macht mit dem Zweiten Weltkrieg. Bis heute werden aber Politiker, die an den alten Regeln und Verhältnissen festhalten, als konservativ oder rechts bezeichnet.

*Heute noch gibt es in Ländern wie England oder Schweden, den Niederlanden und Dänemark **Könige** und **Königinnen**.*

Wer sitzt wo im Deutschen Bundestag?

Die Parteien in Deutschland bezeichnen sich heute meist als Parteien der Mitte – so etwa die CDU und die SPD, wobei die CDU etwas mehr rechts und konservativer eingeordnet wird als

Populisten, Politiker ...

die SPD. Ganz rechts sitzt im derzeitigen *Deutschen Bundestag* die AfD. Rechte Politik hat heute jedoch nichts mehr mit dem Adel zu tun. Die rechtsorientierten Parteien sind zwar konservativ, aber sie setzen vor allem auf die Freiheit eines jeden Bürgers und weniger auf die politische und soziale Gleichheit wie etwa die linken Parteien. Ganz links außen im Bundestag sitzt die Partei Die Linke. Schwer in diesem System von rechts und links einzuordnen sind die Parteien der Liberalen (FDP), die auch auf die Freiheit des Einzelnen setzen, aber nicht unbedingt konservativ sind, und Bündnis 90/Die Grünen, eine Partei, die sich besonders für den Umweltschutz einsetzt.

In Bezug auf Fake News haben vor allem Parteimitglieder der rechten AfD und deren Anhänger in der Vergangenheit die Presse als „Lügenpresse" beschimpft. Die sonstigen Parteien werfen dagegen den AfD-Anhängern des Öfteren vor, sie würden die Wahrheit verdrehen und mit Fake News die Bürger aufhetzen.

Der Deutsche Bundestag mit Sitz in Berlin ist das Parlament der Bundesrepublik Deutschland und erlässt die Gesetze.

19. Deutscher Bundestag
Schema der vorläufigen Sitzordnung zur konstituierenden Sitzung am 24. Oktober

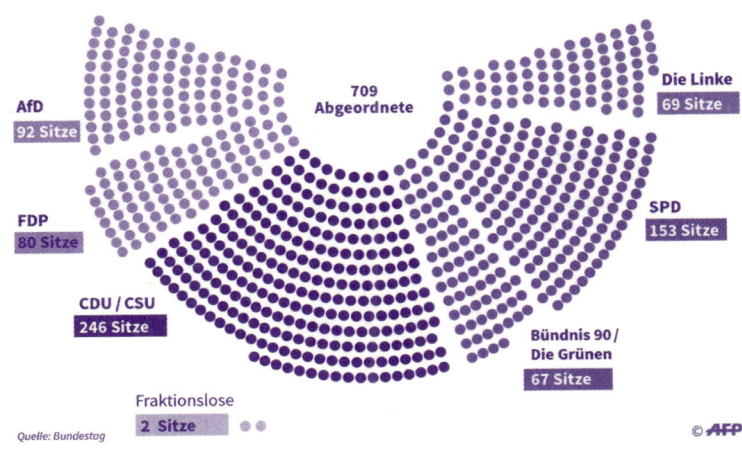

Sitzverteilung im 19. Deutschen Bundestag (Stand: Oktober 2017)

Populist und Lügenpresse – Wer beschimpft da wen?

Einige Politiker werfen den Journalisten vor, sie seien von der „Lügenpresse". Die Journalisten wiederum halten diese Politiker für „Populisten", die dreiste Fake News verbreiten. Was steckt eigentlich hinter dem Streit?

Dass Politiker Journalisten vorwerfen, sie seien von der „Lügenpresse", gibt es schon seit 200 Jahren. So richtig populär wurde der Begriff unter den Nationalsozialisten (1933-1945). Damals behaupteten diese, dass hinter der „Lügenpresse" die Verschwörung der Juden stecke, die per Presse die Öffentlichkeit manipulieren würden. Nach dem Zweiten Weltkrieg war das Wort fast vergessen.

Erst 2014 kam es in Dresden mit den Demonstrationen der Pegida wieder in Mode. Die Demonstranten bezeichneten die freie Presse der öffentlich-rechtlichen Sender und vieler Tageszeitungen als „Lügenpresse". Der Vorwurf: Die Presse vermelde nur das, was Bundeskanzlerin Angela Merkel und der Regierung lieb sei.

Die Politiker und Bürger, die heute von „Lügenpresse" reden, behaupten, dass ihre Argumente nicht genügend in der Presse beachtet und sie nur ausgegrenzt werden. Häufig betonen das Pegida-Demonstranten und Parteimitglieder der AfD. Sie stellen sich als Opfer dar und sehen sich als ungehörte Stimme des Volkes.

Wer ist überhaupt ein Populist?

Das Wort Populismus kommt vom lateinischen *populus* für „Volk". Meist vereinfacht ein sogenannter Populist selbst komplizierte Themen. Es geht ihm nicht um Wahrheit, sondern darum, dem

Volk nach dem Mund zu reden und ihm möglichst einfache Lösungen für komplexe Probleme zu bieten. Besonders beliebt bei Populisten ist es, Bürger, die bereits eine unbestimmte Angst vor etwas haben, in dieser Angst noch zu bestärken – und ihnen gleichzeitig die Schuldigen für diese Angst zu liefern. Es sind in der Regel „die da oben".

Das sind in den Augen des Populisten jene, die es „im System" bis an die Spitze der Macht geschafft haben. Der Populist beschreibt sich selbst oft als mit gesundem Menschenverstand ausgestattet, ehrlich und vertrauenswürdig. Er gibt vor, niemals so zu handeln wie „die da oben". „Die da oben" seien abgehoben und würden nicht mehr den Willen des Volkes vertreten.

Als Populisten werden in jüngster Zeit vor allem Politiker aus dem rechten Spektrum bezeichnet, früher warf man auch linken Politikern Populismus vor. International gelten derzeit US-Präsident Donald Trump, die Vorsitzende des rechtsextremen Rassemblement National (RN) Marine Le Pen in Frankreich und der türkische Präsident Racep Tayyip Erdoğan als Populisten.

Gelangen Populisten selbst an die Macht, schimpfen sie übrigens nicht mehr über „die da oben", denn zu denen zählen sie dann ja selbst. Sie sehen sich dann als Vertreter des Volkes. Marine Le Pen beispielsweise stellte ihrem Wahlkampf 2017 das Motto „Im Namen des Volkes" voran. Und AfD-Politiker in Deutschland sprechen gerne vom Willen des Volkes, den sie angeblich kennen und vertreten. Auf die Spitze treibt es der türkische Präsident Erdoğan, der gerne von „seinem Volk" redet.

Während sich der Populist volksnah gibt, möchte ein Journalist nah an die Wahrheit gelangen. Er will der Bevölkerung berichten, Fakten einordnen und aufklären – und selbst solche Wahrheiten präsentieren, die vielleicht nicht jedem gefallen.

Populist und Journalist haben somit unterschiedliche Ziele. Daher kommt es oft zu Streitigkeiten zwischen ihnen. Und einer wirft dem anderen Fake News vor.

Warum ist Twitter bei Populisten so beliebt?

Der Microbloggingdienst Twitter gibt dem Accountbesitzer die Möglichkeit, einen Text von maximal 280 Zeichen in einem sogenannten Tweet, einer Kurznachricht, zu verbreiten. Was aber ist der Reiz daran für Populisten?

Populistische Politiker wenden sich gerne direkt an die Bevölkerung. Sie können so ihre Meinungen und Sichtweisen den Menschen näherbringen, ohne dass ihnen ein Journalist Gegenfragen stellt. Das geht besonders gut über Twitter. Gleichzeitig werfen sie Journalisten oft vor, Fake News zu verbreiten, und erschüttern so das Vertrauen der Bürger in die Presse. Twitter wird daher von vielen zunehmend als verlässlichere Quelle für Informationen angesehen.

Populisten sorgen gern dafür, dass Gegensätze stärker hervortreten und keine Kompromisse eingegangen werden. Das nennt man Polarisierung.

Deutsche Populisten wie die AfD-Bundestagsabgeordnete Beatrix von Storch nutzen Twitter unter anderem, um in der Gesellschaft zu *polarisieren*. So twitterte von Storch beispielsweise im August 2017 zur Diskussion um den Familiennachzug von Syrern unter #Syrer#Familiennachzug#AfD#TrauDich-Deutschland: „Singen unsere Hymne. Schmücken sich mit unseren Farben. Und zerstören alles das." Sie warf den syrischen Flüchtlingen also vor, sich unberechtigterweise deutscher Traditionen zu bemächtigen und diese zu verwässern beziehungsweise in den Schmutz zu ziehen.

Einige der Leser haben von Storch vermutlich zugestimmt, andere haben sich dagegen über die Verallgemeinerung aller syrischen Flüchtlinge aufgeregt. Und genau das ist es, was Populisten wollen: eine Spaltung der Gesellschaft.

Die beste Methode, gegen derlei Hetze von rechter Seite vorzugehen, ist es, den Behauptungen Fakten entgegenzustellen und sich nicht provozieren zu lassen.

Wenn du einen Populisten auf den Klimawandel ansprichst, freut er sich. Denn die Diskussion darüber, ob der Klimawandel eine natürliche Ursache hat oder von Menschenhand gemacht ist, bietet ihm alles, was er braucht, um Wähler zu gewinnen.

Warum leugnen Populisten den Klimawandel?

Klimaforscher geben dem Menschen eine Hauptschuld an der derzeitigen Erderwärmung. Als Ursache nennen sie den durch Menschen verursachten CO_2-Ausstoß. Dieser müsse zukünftig reduziert werden, um weitere Klimaveränderungen zu vermeiden. Doch das ist teuer und verändert unser aller Leben. Wie entspannend ist es da, wenn manch einer behauptet, der Klimawandel sei ein natürliches Phänomen.

Denn wenn das so wäre, müsstest du kein schlechtes Gewissen haben, wenn du in den Urlaub fliegst und der Treibstoff die Umwelt verpestet oder du im Winter dein Zimmer auf 35 Grad bei offenem Fenster heizt. Zwar findet sich mittlerweile so gut wie kein seriöser Wissenschaftler mehr, der den Einfluss des Menschen auf den Klimawandel leugnet, aber dem Populisten geht es nicht um Fakten, sondern um Emotionen.

Als es im Winter 2017/2018 im Nordosten der USA Temperaturen unter 30 Grad minus gab und Obdachlose auf der Straße erfroren, twitterte Präsident Trump: „Im Osten könnte es der kälteste jemals registrierte Silvesterabend werden. Vielleicht könnten wir ein bisschen von der guten alten Erderwärmung gebrauchen, für die unser Land Milliarden an Dollar hätte zahlen sollen [, um sie zu verhindern]."

Dass diese Aussage nicht nur provokativ, sondern auch menschenverachtend ist, weil sie mit keinem Wort auf die erfrierenden Obdachlosen eingeht, interessiert den Populisten nicht, denn die Provokation ist Teil seiner Politik.

Das Treibhausgas Kohlendioxid (CO_2) ist mitverantwortlich für den Klimawandel. Es wird zum Beispiel mit den Auspuffgasen unserer Autos ausgestoßen.

Pro Kopf stoßen die Menschen in den USA, Kanada und Australien etwa dreimal so viel Treibhausgase aus wie in Europa und achtmal so viel wie in China.

Was ist die vierte Gewalt im Staat?

Wenn ein Staatsoberhaupt alles im Staat allein bestimmen darf, sprechen wir von einer Diktatur. In einer Demokratie ist das anders, hier hat nicht einer allein alle Macht, sondern die Macht ist auf mehrere Ämter verteilt. Dadurch soll ein Missbrauch der Macht verhindert werden.

*Das **Grundgesetz** ist die Verfassung für die Bundesrepublik Deutschland. Darin stehen die wichtigsten Regeln für die Bürger und den Staat. Das Grundgesetz steht über allen anderen deutschen Rechtsnormen.*

Statt von „Macht" wird in der Sprache der Politik von „Gewalt" gesprochen. Die Aufteilung der Gewalt (die Gewaltenteilung) im Staat ist so wichtig, dass sie im deutschen *Grundgesetz* (Artikel 20 (2)) festgeschrieben wurde. Demnach gibt es drei Gewalten:

1. Die gesetzgebende Gewalt (Legislative). Das sind die Parlamente, in denen die Gesetze vorbereitet, diskutiert und verabschiedet werden. Darunter fallen der Bundestag, der Bundesrat und die Länderparlamente. Dort sitzen Abgeordnete und stimmen über Gesetze ab, die das Leben im Staat regeln.

2. Die ausführende Gewalt (Exekutive). Damit sind all jene Einrichtungen gemeint, die Gesetze vollziehen, also ausführen, wie die Länderregierungen, die Polizei, verschiedene Ämter und Behörden. Wenn beispielsweise ein Polizist einen Einbrecher auf frischer Tat ertappt und ihn festnimmt, führt er aus, was ihm das Gesetz vorschreibt.

3. Die rechtsprechende Gewalt (Judikative). Das sind die Gerichte mit ihren Richtern.

Nun gibt es aber noch eine vierte, inoffizielle Gewalt im Staat: die Presse. Dazu zählen Zeitungen, Radio, Fernsehen und auch Politik-Blogs. Diese „vierte Gewalt" darf zwar keine Gesetze verabschieden oder Recht sprechen, aber sie übt eine Kontrollfunktion aus, die wichtig für die Demokratie ist. Die Presse informiert nämlich die Bürger über alles, was im Staat passiert, und kann die Aufmerksamkeit der Öffentlichkeit gegebenenfalls auf Missstände lenken.

Was tun Journalisten?

Dachdecker darf sich nicht jeder nennen, auch nicht Zahnarzt, aber als Journalist kann sich im Prinzip jeder bezeichnen, denn der Titel ist nicht geschützt. Doch was vertritt ein Journalist und welche Rolle hat er im Staat?

Stell dir vor, es gäbe keine Journalisten: Dann müsstest du selbst ständig den Politikern hinterherreisen, um zu erfahren, was sie gerade tun. Und du müsstest auch selbst prüfen, ob die Politiker tatsächlich immer die Wahrheit sagen. Das wäre sehr mühselig.

Die Journalisten übernehmen also diese Arbeit und informieren die Bevölkerung über Politik, Wirtschaft, Kultur und alles, was außerdem berichtenswert und gesellschaftsrelevant erscheint wie etwa ein Fußballspiel.

Damit Journalisten diese Arbeit tun können, brauchen sie bestimmte Rechte. Das wichtigste Recht ist in Artikel 5 (1) im Grundgesetz der Bundesrepublik Deutschland niedergeschrieben: „Jeder hat das Recht, seine Meinung in Wort, Schrift und Bild frei zu äußern und zu verbreiten und sich aus allgemein zugänglichen Quellen ungehindert zu unterrichten." Jeder darf sich demnach über alles informieren und seine Meinung öffentlich vertreten.

Weiter heißt es im Grundgesetz: „Die Pressefreiheit und die Freiheit der Berichterstattung durch Rundfunk und Film werden gewährleistet. Eine Zensur findet nicht statt." Das Wort Zensur (Bewertung) kennst du aus der Schule. Im Zusammenhang mit den *Presse*berichten ist mit Zensurfreiheit gemeint, dass niemand dem Journalisten vorschreiben darf, was er zu sagen oder zu schreiben hat – solange es nicht gesetzeswidrig ist, versteht sich.

> Früher gehörten zur **Presse** nur die gedruckten Medien, heute sind damit auch die TV- und Radiosender sowie Online-Medien gemeint.

An welche Regeln müssen sich Journalisten halten?

Journalisten müssen sich vor einem Interview als Journalist zu erkennen geben und sollten sich der Wahrheit verpflichtet fühlen. Die wichtigsten Regeln haben sich die deutschen Journalisten 1973 im „Pressekodex" selbst auferlegt.

Das Wort Kodex stammt aus dem Lateinischen und bedeutet übersetzt etwa „Heft" oder „Buch".

Der erste von 16 Grundsätzen im Pressekodex für Journalisten lautet: „Die Achtung vor der Wahrheit, die Wahrung der Menschenwürde und die wahrhaftige Unterrichtung der Öffentlichkeit sind oberste Gebote der Presse." Ein Journalist soll also niemals lügen und die Würde des Menschen stets im Blick haben. Menschen dürfen nicht aufgrund einer Behinderung, der Hautfarbe, Religion, Weltanschauung oder weil sie einer bestimmten Volksgruppe angehören, diskriminiert werden.

Eine weitere wichtige Regel für Journalisten ist, dass sie recherchieren, also nachforschen und überprüfen, und nicht einfach etwas behaupten oder eine Behauptung weitergeben, sondern auch Belege dafür finden. Und ehe ein Journalist ein Bild, einen Film, eine Grafik, einen Text oder eine Tonaufnahme veröffentlicht, muss er sicherstellen, dass es sich dabei nicht um eine Fälschung handelt. Sollte es doch einmal zu einer falschen Darstellung kommen, so muss er beziehungsweise die Medienanstalt, für die er arbeitet, dies öffentlich richtigstellen.

Der Deutsche Presserat ist ein Zusammenschluss von Verlegern und Journalistenverbänden.

Die im Pressekodex dargelegten Regeln werden von Journalisten manchmal mit dem Motto „Be first, but first be right!" auf den Punkt gebracht, was so viel heißt wie: Versuche, der Erste mit einer Nachricht zu sein, aber sei dir sicher, dass sie auch stimmt.

Eine Rüge ist eine Ermahnung oder Zurechtweisung.

Wer die Regeln des Pressekodex verletzt, der kann vom *Deutschen Presserat* gerügt werden und muss diese *Rüge* veröffentlichen.

Die Bundespressekonferenz ist das Aushängeschild des unabhängigen Journalismus in Deutschland. Die Journalisten laden regelmäßig Politiker zu dieser Konferenz ein, damit sie ihnen Rede und Antwort stehen.

Was ist die Bundespressekonferenz?

Das ist in keinem anderen Land der Welt so. In den USA zum Beispiel werden die Journalisten vom US-Präsidenten nach Washington eingeladen. Er entscheidet, wann die Konferenz beginnt und wann sie endet.

Deutschland ist einen anderen Weg gegangen. Um die Unabhängigkeit der Presse zu gewährleisten, haben Journalisten 1953 die Bundespressekonferenz e. V. gegründet. Hier dürfen auch kritische Journalisten den Politikern unliebsame Fragen stellen. In Washington ist das anders: Da lässt der Präsident solche Journalisten oft gar nicht zu Wort kommen, obwohl sie sich melden.

Damit Politiker und Journalisten hierzulande in der Konferenz gut zusammenarbeiten, ist erstens wichtig, dass sie ausführlich fragen und antworten dürfen, und zweitens, dass eine gewisse Vertraulichkeit untereinander herrscht. Dafür gibt es einen Gesprächskodex, der auch sonst im Journalismus eingehalten werden sollte: Falls ein Journalist von einem Politiker eine Hintergrundinformation erhält, jedoch nichts dazu schreiben soll, so sagt der Politiker: Diese Information ist „unter drei". Der Ausdruck „unter zwei" wird gebraucht, wenn der Politiker darauf besteht, dass der Journalist weder seinen Namen nennt noch ihn wörtlich zitiert. Wenn der Politiker oder Informand gar keine Einschränkung macht, so gilt diese Information „unter eins". Journalisten sagen dann, dass sie „Ross und Reiter" nennen können.

Eine Redaktion – Das beste Mittel gegen Fake News?

Das Herz einer Zeitung ist die Redaktion. Dort arbeiten Redakteure und prüfen und bearbeiten die Texte, damit sie veröffentlicht werden können. Redakteure gibt es auch in anderen Medienbereichen wie in Hörfunk und Fernsehen.

Eine Redaktion hat etwas mit der Größe eines Medienunternehmens zu tun. Einen Flyer mit Fotos und Informationen kann eine einzelne Person täglich zusammenschreiben und herausgeben. Bei einer Zeitung ist das unmöglich. Zu viele Seiten müssen mit Artikeln gefüllt, zu viele Informationen gesichtet und verarbeitet und zu viele Bilder eingestellt werden. Deshalb arbeiten in der Redaktion einer Tages- oder Wochenzeitung zig Redakteure, Volontäre (Auszubildende), freie Mitarbeiter und viele andere. Sie alle gelten als Journalisten.

Oftmals gehen Lokalredakteure vor Ort zu den Rats- und Gemeindesitzungen, freie Mitarbeiter berichten von Fußballspielen und *Korrespondenten* treffen Minister.

Korrespondenten werden von der Zeitung an den Ort des Geschehens geschickt, damit sie von dort berichten.

Gleichzeitig werden die Agenturmeldungen aus aller Welt in der Redaktion gesichtet, also gelesen und beurteilt. All diese Informationen werden in die Struktur der Zeitung eingebettet: Sportnachrichten kommen in den Sportteil, Politik zur Politik... Wichtig an einer Redaktion ist, dass hier viele Redakteure zusammenarbeiten. Dadurch können sie sich gegenseitig helfen und kontrollieren. Alleine sitzt man beispielsweise schneller Fake News auf als im Team. Für die Zeitungen ist das Vertrauen der Leser in die Richtigkeit der Artikel überlebenswichtig. Das Nachrichtenmagazin Der Spiegel beschäftigt alleine 70 Dokumentare, die nichts anderes tun, als Artikel vor der Veröffentlichung auf Fakten zu checken. In kleineren regionalen Tageszeitungen sieht es jedoch meist anders aus. Dort sitzen in den

Populisten, Politiker ...

Außenredaktionen der ländlichen Gebiete nur noch wenige Redakteure, die einer immer höheren Arbeitsbelastung ausgesetzt und daher nicht vor Fehlern gefeit sind.

Durch mehrere tägliche Konferenzen stimmen sich die Redaktionsabteilungen (Ressorts) wie Politik oder Sport in den städtischen Hauptredaktionen untereinander ab. Manchmal gibt es noch eine Bildkonferenz, um mit der Fotoredaktion die entsprechenden Bilder abzusprechen. Auch hier wird großer Wert auf den Wahrheitsgehalt der Fotos gelegt. Damit die Koordination zwischen der Redaktion, der Anzeigenabteilung und der Herstellung, also dem Satz und dem Druck, reibungslos funktioniert, gibt es einen sogenannten Chef vom Dienst (CvD), der alle Fäden in der Hand hält.

Zum Schluss werden die Artikel von der Chefredaktion, dem Chefredakteur und seinen Stellvertretern, durchgelesen und abgesegnet, denn sie sind hauptverantwortlich für das, was in der Zeitung steht. Häufig schreiben die Chefredakteure einen übergeordneten Kommentar über wichtige gesellschaftspolitische Themen. Manchmal wirkt auch der Verleger auf die Arbeit der Redaktion ein. Er gibt die Zeitung heraus und trägt alle damit verbundenen Kosten und Risiken. Sollte ein Zeitungsbeitrag mal nicht auf der Linie des *Blattes* sein, kann der Verleger dagegen Einspruch erheben und die Veröffentlichung untersagen.

Mit der „Linie des Blattes" ist gemeint, dass die Zeitung oder Zeitschrift eine politische Ausrichtung hat – die kann mehr rechts oder links sein. Das heißt, Zeitungen können zuweilen ähnliche Meinungen wie bestimmte Parteien vertreten und politische Themen entsprechend kommentieren.

Festzuhalten ist, dass durch die Organisation einer Zeitung Fake News keine so große Chance haben, unentdeckt in die Zeitung zu gelangen. Ähnlich verhält es sich bei öffentlich-rechtlichen Sendern wie der ARD und dem ZDF oder dem privaten Sender n-tv.

> **Die Tageszeitungen** werden häufig als „**Blätter**" bezeichnet. Wenn alle Blätter sich über etwas aufregen, spricht man vom „**Rauschen im Blätterwald**".

Bloggen kann jeder. Aber worauf sollte man achten?

Durch das Internet hat sich eine neue Art von Journalisten etabliert: die Blogger. Sie nennen sich nicht Journalisten, aber sie arbeiten ähnlich. Wer wie sie gezielt Informationen in der Öffentlichkeit verbreitet, für den gelten bestimmte Rechte und Regeln.

Unter anderem das Presserecht, das heißt, Blogger müssen sich an die Regeln halten, die auch für Journalisten gelten. Blogger sind meist Internetnutzer wie du und ich, die sich im Netz mitteilen möchten. Häufig interessieren sie sich für ein spezielles Thema wie Skisport, Beautyprodukte, Bücher, Politik oder Spiele. Alleine in Deutschland gibt es etwa 300 000 Blogger.

Im Gegensatz zu vielen Journalisten haben sie keine Ausbildung (Volontariat) in einer Zeitung oder in sonstigen Medienanstalten durchlaufen. Sie berufen sich in ihrer Arbeit auf Artikel 5 des deutschen Grundgesetzes, wonach jeder seine Meinung frei äußern darf.

Doch die Meinungsfreiheit hat auch Grenzen. Du darfst beispielsweise niemanden beleidigen, ihm übel nachreden oder ihn gar verleumden, denn das wäre strafbar.

Laut Presserecht sollten sich Blogger bemühen, sorgfältig zu recherchieren. Dazu setzt man sich ausführlich mit dem jeweiligen Thema auseinander und stellt Pro- und Kontra-Argumente dar. Bei allem, was man veröffentlicht, muss man sich ans geltende Recht halten, andernfalls drohen empfindliche Strafen.

Teuer für die Beauty- oder Mode-Blogger auf YouTube oder Instagram kann beispielsweise ihre enge Verbindung zu Produkten werden, mit denen sie sich fotografieren lassen oder die sie erwähnen. Sie müssen immer klar kennzeichnen, wann sie gerade für ein Produkt werben. Influencer kennzeichnen dies etwa durch den Vermerk „Werbung".

Gerade *Blog*-Anfänger machen häufig einen Fehler: Sie verlinken sich mit vielen Websites. Doch der Schuss kann nach hinten losgehen, denn unter Umständen werden sie haftbar gemacht für den Inhalt der verlinkten Seiten und müssen Geldbußen zahlen.

Neben all den Pferde-, Sport-, Spiele-, Beauty- und sich selbst darstellenden Bloggern gibt es auch einige politische Blogger. Bekannt ist unter anderem der Berliner Sascha Lobo, er schreibt für Spiegel Online. Lobo orientiert sich bei seiner Arbeit am deutschen Presserecht. Daher findet sich auf seiner Seite auch ein ausführliches Impressum.

In dem Begriff Blog steckt der letzte Buchstabe von Web (für Netz) sowie das Wort Log – das stammt von dem seemännischen Logbuch. Ein Blog ist also wie eine Art Tagebuch im World Wide Web.

Wie geht man mit Videos und Bildern um?

Prinzipiell sollte ein Blogger nachfragen, falls er Videos, Fotos, Grafiken oder auch Tonaufnahmen nutzt, die er nicht selbst erstellt hat. Denn für dieses Material gilt das Urheberrecht. Das heißt, man darf es ohne Erlaubnis des *Urhebers* nicht anderweitig veröffentlichen.

Wenn der Blogger selbst ein Foto erstellt, muss er sicherstellen, dass die abgebildeten Personen mit einer Veröffentlichung einverstanden sind. Davon gibt es nur wenige Ausnahmen wie etwa Fotos von Demonstrationen, Parteiversammlungen oder von größeren Menschenmengen. Aber auch in diesen Fällen kann es problematisch werden, falls einzelne Personen nicht fotografiert werden möchten. Gar nicht fotografiert werden sollten Kinder ohne die Einwilligung der Eltern.

Urheber sind zum Beispiel Autoren, Musiker, Fotografen oder Filmemacher. Für ihre Werke gilt das Urheberrecht.

Aus Texten darf unter bestimmten Bedingungen auch ohne vorherige Genehmigung des Autors zitiert werden, nämlich wenn dies dazu dient, die eigenen Gedanken zu belegen, das Zitat möglichst kurz ist und dessen Anfang und Ende klar gekennzeichnet sind. Es sollte dann auch die Quelle des Zitats angegeben werden, also von wem das Zitat stammt und wo es veröffentlicht wurde.

Deine Daten und die Macht der Neuen Medien

Neue Medien – Neue Firmen: Was ist „New Economy"?

Wer verdient viel Geld auf der Welt? Die Ölscheichs in Saudi Arabien natürlich. Aber seit der Verbreitung des Internets gibt es einen neuen wertvollen Rohstoff, und der heißt Informationen! Mit Informationen handeln Medienkonzerne und Datenanalysefirmen.

Je mehr wir am Tag surfen, chatten oder auf Instagram unterwegs sind, desto mehr Daten über uns fallen an. Diese Daten können Firmen wie Facebook oder Google nutzen, um beispielsweise für bestimmte Produkte gezielt Werbung zu machen.

Vor dreißig Jahren hätte keiner gedacht, dass Medienkonzerne einmal so viel Geld verdienen könnten und damit auch immer einflussreicher werden. Haben die Firmen der „Old Economy", also der alten Wirtschaft, bisher Autos, Kleidung oder Waffen produziert, so bieten die Firmen der „*New Economy*" Daten an. Und die wiegen nichts: Google und Facebook müssen keine Autos um die halbe Welt schiffen, sondern können ihr Produkt mit einem Mausklick verschicken. Wichtig ist für Firmen der New Economy, dass sie preiswert an Daten gelangen und sie teuer verkaufen können. Wer die Geschäftsbedingungen von WhatsApp und Instagram akzeptiert, schenkt diesen Diensten quasi seine Daten. Billiger kann kein Rohstoff erworben werden.

New Economy heißt übersetzt „Neue Wirtschaft". Hier im Silicon Valley, nahe der Stadt San Francisco (USA), haben Firmen wie Apple Inc., Amazon.com Inc., Intel Corporation, Adobe Systems Inc. oder Facebook Inc. ihren Sitz.

Egal, was du im Netz tust, es fallen Daten an. Das betrifft deinen Einkauf oder deinen Chat, den Link, den du auf Facebook teilst, die Themen, die du googelst oder das Foto, das du bei Instagram postest. Ist diese Datenmenge eine Gefahr?

Was machen die Firmen mit deinen Daten?

Mit jeder Bewegung im Netz löst du eine Kettenreaktion aus. Erst einmal erhält der Social-Media-Konzern, die Verkaufsplattform oder die Suchmaschine Daten durch dein Verhalten. Wenn du beispielsweise auf Instagram das Foto eines Welpen postest, magst du vermutlich Hunde. Vielleicht bist du ja sogar Hundebesitzer. Das könnte ein Analytiker – das zweite Glied in der Kette – noch genauer herausfinden, indem er auf deine Einkaufsdaten zugreift. Denn möglicherweise kaufst du ja online Hundefutter. Oder du hast mit der EC-Karte in einem Laden für Tierbedarf gezahlt. Oder du hast eine Payback-Karte, die jeden deiner Einkäufe registriert. Für einen *Datenanalytiker* ist jede deiner Bewegungen im Netz und beim *Einkauf* wichtig. Die gewonnenen Daten verraten dem Analytiker nämlich eine Menge über dich als Person - ob du beispielsweise ein Naturtyp oder eher häuslich veranlagt bist.

Datenanalytiker wie die der New Yorker Firma Cambridge Analytica wissen durch dein Verhalten im Netz, was du magst oder nicht magst.

Die Datenanalytiker gehen aber noch weiter. Sie sammeln Informationen über deine Vorlieben und deinen Geschmack und überlegen zum Beispiel, was deine Daten über dich als Wähler aussagen – und wie sie dir dann gezielt den Kandidaten einer bestimmten Partei schmackhaft machen können.

Letztlich spielen sie dir genau die Informationen über Facebook und andere Wege zu, die du hören und sehen möchtest. In der Fachsprache nennt sich diese Methode „Microtargeting". Das Mikroziel – also du als Person – soll direkt umworben werden.

Jeder **Einkauf** im Netz sagt etwas darüber aus, wie du lebst. Wer sich beispielsweise einen teuren Markenrasenmäher kauft, hat vermutlich ein Haus mit Garten und Geld.

Warum sind Instagram und WhatsApp so mächtig?

Wenn du ein Fahrrad kaufen möchtest, kannst du dich an verschiedene Anbieter wenden. Und du hast die Wahl zwischen verschiedenen Fahrradmarken. Händler und Marken stehen also in Konkurrenz zueinander. Im Netz ist das nicht so. Jedenfalls, wenn es um Soziale Netzwerke geht.

Die Facebook Inc. ist eine US-Firma, zu der das Soziale Netzwerk Facebook und die Online-Dienste Instagram und WhatsApp gehören. Facebook ist das populärste Soziale Netzwerk der Welt und ist so gut wie konkurrenzlos. Gegründet wurde es von Mark Zuckerberg. 2003 entwickelte der Psychologie- und Informatikstudent an der Harvard University (Cambridge, USA) die Webseite www.facemash.com. Darauf konnten Studenten öffentlich das Aussehen von Frauen bewerten. Die Fotos dafür hatte Zuckerberg ohne deren Erlaubnis ins Netz gestellt. Nach Protesten der Frauen und der Universität wurde die Seite gelöscht.

2004 erfand Zuckerberg dann das Soziale Netzwerk Facebook und brachte das Unternehmen 2012 als Facebook Inc. an die Börse. Seither steigt der Kurs der Aktie und Facebook hat über zwei Milliarden Nutzer weltweit. Das heißt, dass etwa jeder dritte Mensch mindestens einmal im Monat Facebook benutzt. Dadurch fallen extrem viele Daten an. Weitere Nutzerdaten erhält der Konzern zudem über seine Dienste WhatsApp und Instagram. Mit diesen Daten weiß der Konzern sehr viel über seine Kunden.

Tipp: Erkundige dich nach alternativen Messenger-Diensten wie **Threema**, Telegram oder Signal.

Wer kann etwas dagegen tun? Die Nutzer? Sie könnten beispielsweise andere Dienste wie *Threema* statt WhatsApp nutzen. Aber sie versuchen es meist gar nicht erst. Denn es fällt ihnen schwer, Instagram oder WhatsApp den Rücken zuzukehren – ganz einfach, weil ihre Freunde diese Dienste ebenfalls nutzen.

Das ist auch mit ein Grund dafür, weshalb viele Nutzer die Allgemeinen Geschäftsbedingungen (AGB) gar nicht lesen, sondern gleich ihr Häkchen daran machen. Sie wollen unbedingt Teil der Nutzergemeinde sein und bleiben, auch wenn sie damit bestimmte Rechte abgeben oder ihre *Daten* verschenken. Sie vertrauen schlicht darauf, dass der Konzern nichts Böses tut.

Immer wieder kam es in den letzten Jahren jedoch zu Skandalen, wenn beispielsweise Hassreden auf Facebook zu spät gelöscht wurden oder wenn Datenanalysefirmen millionenfach Profile von Facebooknutzern auswerteten.

> **Tipp:** Prüfe, welche Apps auf welche deiner **Daten** zugreifen dürfen. Du findest solche Informationen in den AGB und unter den Einstellungen.

Die Politik bremst Facebook.

Es gibt in der Wirtschaft den Begriff des Monopols. Das heißt, dass nur ein Anbieter eine bestimmte Ware besitzt, auf die die Menschen oder Kunden angewiesen sind. Wenn nur eine einzige Firma Fahrräder anbieten würde, dann müsstest du dir dein Fahrrad wohl oder übel von dieser einen Firma kaufen, auch wenn es ständig kaputt ginge. Was Soziale Netzwerke angeht, hat Facebook eine solche Monopolstellung. Wer also mit anderen online vernetzt sein möchte, nutzt fast gezwungenermaßen diesen Dienst – auch, wenn er sich über dessen Schwächen, zum Beispiel in Sachen Datenschutz, bewusst ist. Seit der US-Präsidentschaftswahl 2016 versuchen aber viele Staaten, stärker Einfluss auf Facebook zu nehmen. Denn es stellte sich nach der Wahl heraus, dass Facebook jede Menge Nutzerdaten nicht vor der New Yorker Firma Cambridge Analytica geschützt hatte, die mittels dieser Daten gezielt Werbung für Politiker und Parteien betrieb und somit letztendlich einen erheblichen Einfluss auf den Ausgang der Wahl hatte. Nach massiver Kritik versprach Facebookgründer Zuckerberg, die Daten seiner Kunden künftig besser vor Zugriffen zu schützen. In Europa wurden 2018 zudem härtere Datenschutzgesetze durchgesetzt.

Wer sind die Spione in der Medienwelt?

Auf nahezu jedem Handy gibt es Hidden Apps – also versteckte (Schad-)Programme. Von den Viren auf dem Computer gar nicht zu sprechen. Sie sind die Maden der digitalen Medienwelt. Doch was für Programme sind das? Und was wollen sie vom Nutzer?

Entweder möchten sie Informationen über dein Verhalten herausfinden, dir das Leben schwer machen oder über dein Gerät schädliche Software an andere Nutzer weiterverteilen. Man spricht allgemein von Schadprogrammen (oder Malware). Sie können dein Handy, deinen Computer oder Laptop mit schädigender Software infizieren. Es gibt die unterschiedlichsten Arten von Schadprogrammen:

Die sogenannten *Viren* sind beispielsweise sehr unangenehm, da sie sich, ähnlich wie krankheitserregende „echte" Viren, selbst vervielfachen und sich in Dateien, Betriebssysteme oder Programme hineinschreiben können.

Wenn der Computer dir sagt, dass du einen Virus auf dem Rechner hast, dann stimmt das manchmal, aber manchmal ist gerade der Überbringer dieser schlechten Botschaft Teil eines Virus. Die *Scareware* macht dir Angst vor einem Virus und rät dir, ein Antivirusprogramm herunterzuladen. Doch das ist dann das wahre Schadprogramm.

Rogueware gaukelt dir vor, Schadprogramme zu entfernen, dabei lädst du genau in dem Moment Schadprogramme herunter, wenn du sie eigentlich entfernen willst.

Computerwürmer verbreiten sich über das Internet auf die einzelnen Computer, die dem jeweiligen Netzwerk angehören.

Trojaner (*Trojanische Pferde*) heißen Programme, die scheinbar einen Vorteil für dich haben, aber in ihrem Kern einen Virus verbergen.

Spyware findet sich häufig auf Handys und Computern. Sie dient dazu, Informationen über dein Verhalten oder deine privaten Daten herauszufinden. Mit diesen Daten können dann Firmen zum Beispiel gezielt Werbung machen. Oft versteckt sich die Spyware in einem nützlichen Programm oder in einem Spiel, das du heruntergeladen hast.

Mit sogenannter *Ransomware* verschlüsseln Erpresser das Betriebssystem ihres Opfers und entschlüsseln es erst wieder, wenn das Opfer zahlt. Beispiel: In einem Hotel werden die Türen mit Chipkarten geöffnet. Die Erpresser verschlüsseln aber die Zugriffscodes für die Türen, sodass der Gast nicht mehr ins Zimmer kommt oder alle Türen ständig offen stehen. Dann wird Geld vom Hotelbesitzer erpresst und die Erpresser schalten das Betriebssystem wieder frei. Oft soll die Summe in *Bitcoins* gezahlt werden.

Neben all den Schadprogrammen gibt es auch noch andere Methoden, um unerlaubt an deine Daten zu gelangen. Deine Passworte werden beispielsweise durch *Phishing* ausspioniert. Dazu imitiert der *Hacker* eine Internetseite, die du kennst. Es kann eine Bankseite sein oder die Seite eines Verkäufers. Wenn du dann deine Zugangsdaten und die Geheimzahl auf dieser gefakten Seite eingegeben hast, besitzt der Datendieb diese und kann dein Konto plündern.

Unter **Bitcoins** (Englisch für „digitale Münzen") versteht man eine digitale Währung, mit der man im Internet bezahlen kann. Man muss sie zuvor für „echtes" Geld erwerben.

Ein **Hacker** ist jemand, der unerlaubt in Computersysteme eindringt.

Der Begriff **Trojaner** (eigentlich Trojanisches Pferd) stammt aus der griechischen Mythologie. Die Angreifer Trojas schenkten den Trojanern demnach ein hölzernes Pferd. Als die Trojaner dieses in ihre Stadt brachten, entsprangen daraus Soldaten und eroberten so die Stadt.

Deine Daten …

Top Secret: Wie erstellst du sichere Passwörter?

Das Problem mit den Passworten ist immer das gleiche: Verwendest du eines, das du dir gut merken kannst, ist es leicht zu knacken. Nimmst du eines, das kompliziert ist, vergisst du es schnell. Doch es gibt Abhilfe gegen den Passwortstress.

Wechsele deine Passwörter ab und an, nutze nicht ein und dasselbe für mehrere Dienste – und ändere immer das vom Dienst vorgegebene Passwort.

Ein Passwort sollte mindestens zwölf Zeichen enthalten, darunter Groß- und Kleinbuchstaben, Zahlen und Sonderzeichen. Doppelte Zahlen, Buchstaben oder Zeichen sind zu vermeiden.

Dein Name ist für das Passwort tabu, auch der deiner Eltern, Freunde, Geschwister oder Haustiere. Und nutze nie deine Handynummer oder dein Geburtsdatum als Passwort.

Gängige Worte, Namen oder Begriffe wie „Fortnite", „Prinzessin" oder „JamesBond007" solltest du nicht wählen.

Speichere die Passworte zudem nicht auf dem Rechner oder Handy. Hast du sie handschriftlich notiert, verstecke die Notiz an einem sicheren Ort. Gib niemals dein Passwort an andere heraus. Freundschaften zerbrechen. Ehe das Passwort geändert ist, hat der Ex-Freund vielleicht schon Schaden auf deinem Konto angerichtet.

Wer keine Lust hat, sich selbst Passwörter auszudenken oder zu merken, der kann auf Passwortgeneratoren im Netz zurückgreifen. Hilfreich sind auch online erhältliche Passwort-Manager: Sie speichern deine sensiblen Daten verschlüsselt auf einer Datenbank deiner Festplatte und erstellen ein Master-Passwort, über das du dann an deine anderen Passworte kommst. Aktuelle Tests geben dir Auskunft, welche Manager zu empfehlen sind.

Willkommen in Smartphonia!

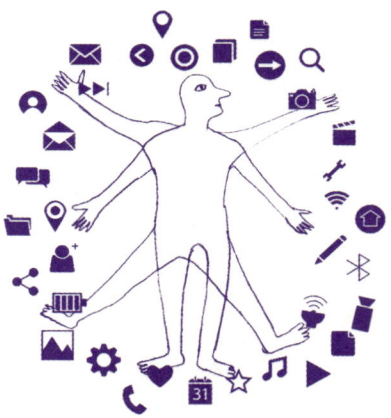

Wie kannst du effektiver googeln?

Wer etwas im Internet sucht, tut das meistens über Google. Das ist ja auch nicht allzu schwer: Man gibt etwas ins Suchfeld ein und erhält im Handumdrehen Links zu diversen Internetseiten. Darunter sind aber auch manchmal Seiten, die überhaupt nichts mit dem eigentlichen Thema zu tun haben.

Wenn dir das öfter passiert, solltest du folgende Tipps beherzigen. Grenze deine Suche ein. Helfen können dir dabei die Suchoperatoren von Google:

AND: Schreibst du ins Suchfeld **Biene AND Honig**, so wird dir Google nur die Seiten zeigen, auf denen beide Begriffe auftauchen.

OR: Setzt du **OR** zwischen die Worte, so sucht die Suchmaschine alle Seiten, in denen jeweils nur eines der beiden Worte vorkommt.

- : Ein Minuszeichen sorgt dafür, dass ein Begriff ausgeschlossen wird. Suchst du beispielsweise ausschließlich nach einer Seite über Bienen, willst aber nichts über Honig wissen, gibst du als Suchanfrage **Biene-Honig** ein.

„…": Wenn du einen Song suchst, aber nur den Refrain oder einen Teil des Textes kennst, kannst du diesen Text in Anführungszeichen setzen. Google sucht dann nach genau dieser Wortreihenfolge. Die Suchanfrage **„Baby bitte mach"** führt dann beispielsweise zu dem Song *Einmal um die Welt* von Cro.

define: Möchtest du wissen, was ein Wort bedeutet, beispielsweise ein Fremdwort, dann setze in der Suchanfrage **define:** vor das Wort. Google sucht dann gezielt nach Definitionen aus Wörterbüchern oder Lexika.

site: Wenn du nur Suchergebnisse von einer bestimmten Website erhalten möchtest, zum Beispiel von Amazon, kannst du die Suche mit diesem Operator einschränken: **site:amazon.de** (und danach dein Suchbegriff). Mit site: kann man die Suche auch auf bestimmte Länderkennungen einschränken, beispielsweise auf Deutschland: **site:de**.

*: Suchst du nach einem bestimmten Zitat oder Titel, erinnerst dich aber nur noch an Teile davon, kannst du ein Sternchen als Platzhalter verwenden, beispielsweise **Harry * Stein ***. Du erhältst dann Links zu *Harry Potter und der Stein der Weisen*.

filetype: Mit diesem Suchoperator kannst du gezielt nach bestimmten Dateitypen suchen, etwa nach einem PDF-Dokument oder einem Song im MP3-Format. Schreibe dazu vor den eigentlichen Suchbegriff **filetype:pdf** beziehungsweise **filetype:mp3**.

Neben den Suchoperatoren helfen dir auch die Google-Filter, um gezielt nach Bildern, News, Maps (Karten), Videos, Shoppingtipps, Büchern und anderen Dingen zu suchen. Die Filter findest du in der Spalte unterhalb des Suchfeldes. Sehr hilfreich ist auch der Reiter Tools. Mit ihm kannst du die Suche in verschiedenster Weise eingrenzen, zum Beispiel zeitlich auf die letzten 24 Stunden oder die letzte Woche, oder örtlich auf ein bestimmtes Land beziehungsweise eine bestimmte Sprache. Unter dem Reiter Einstellungen kannst du grundsätzliche Funktionen der Googlesuche bearbeiten.

Falls du über das Netz nach Bildern suchst oder etwas über ein Bild wissen möchtest, wähle den Google-Filter **Bilder**. Rechts neben dem Suchfeld siehst du ein Kamerasymbol – klicke darauf. Nun hast du zwei Möglichkeiten: Du kannst ein Bild von deinem Computer ins Suchfeld hochladen oder die URL des Bildes in das Suchfeld einfügen. Google sucht nun das Netz nach diesem und ähnlichen Bildern ab und bietet dir beispielsweise bei Darstellungen von Personen Namen an, die zu der abgebildeten Person passen könnten, oder zeigt dir, von welcher Internetseite dein Bild ursprünglich stammt.

Wie wappnest du dich gegen zu viel Information?

Von Deutschland nach China ist es eine halbe Weltreise. Und zwischen Europa und den USA liegt der Atlantik. Durch das Internet ist die Welt aber näher zusammengerückt, denn es fließen die Daten schneller von einem Ort zum anderen.

Brief und Telefon sind teuer und träge. Ein Brief braucht von Singapur nach Rio de Janeiro mehrere Tage, ein Telefonat von Argentinien nach Frankreich ist nicht gerade billig, selbst wenn du nur ein Kuchenrezept durchgibst. Mit WhatsApp und E-Mail geht das alles einfacher und ist kostengünstiger – und du kannst auch gleich noch Fotos und Filme verschicken.

Als das Internet kurz vor der Jahrtausendwende immer mehr Leute erreichte, fiel häufig der Begriff vom „globalen Dorf". Er stammt von dem Medienspezialisten Marshall McLuhan. Der sprach schon 1962 vom „elektronischen Zeitalter der Vernetzung".

Wichtig für diese Vernetzung war neben der Verbreitung des Internets die Weltsprache Englisch, die immer mehr Menschen beherrschen. Zudem explodierte die Weltbevölkerung – von 1995 mit 5,7 Milliarden auf 7,5 Milliarden im Jahr 2018. Immer mehr Menschen wollen heute also miteinander kommunizieren und Handel treiben. So wurde die Welt im übertragenen Sinne zu einem „globalen Dorf", in dem Informationen blitzschnell weitergegeben und Waren über Kontinente hinweg hin und her transportiert werden können.

Was aber ist mit den Informationen im globalen Dorf?

Die schneller werdenden Internetverbindungen, die Verfügbarkeit von TV- und Radiosendern, die Präsenz von Handys und PCs, von Zeitungen und Zeitschriften sowie Twitter, Facebook und all den anderen Sozialen Medien führen zu einer regelrechten Informationsflut. Ständig sind wir erreichbar und erfahren stets, wenn irgendwo auf der Welt irgendetwas passiert. Fast scheint es, als seien wir ständig in der Nähe des Geschehens, auf das wir allerdings gar nicht einwirken können. Denn in unserer direkten Umgebung passiert meist nichts so Spektakuläres, wie es in den Medien gezeigt wird. Der Zukunftsforscher Alvin Toffler sprach schon 1970 von einer „Informationsüberflutung". Die tritt dann ein, wenn ein Mensch vor lauter Informationen zu einem Thema den Überblick verliert und keine Entscheidung mehr fällen kann. Die vielen Informationen, die tagtäglich auf uns einströmen, können wir einfach nicht mehr filtern, also Wichtiges nicht mehr von Unwichtigem und Interessantes nicht von Uninteressantem trennen.

Doch du kannst dich vor dieser *Reizüberflutung* schützen: Zum Beispiel, indem du deinen täglichen Medienkonsum zeitlich beschränkst. Du solltest dir überlegen, welche Informationen für dich, dein Leben und dein Denken tatsächlich wichtig sind. Frage dich, ob du dir unbedingt das zehnte Let's Play anschauen, dir noch vier Folgen einer Serie zwischendurch angucken oder bis spätabends immer erreichbar sein musst, damit du jederzeit auf dem neuesten Stand bist. Vielleicht täte es dir gut, ab und an mal die Seele baumeln zu lassen, nichts zu tun, in Ruhe ein Buch zu lesen und um 21 Uhr einfach das Handy abzuschalten?

Reizüberflutung tritt ein, wenn du über deine Sinne (also über Augen, Ohren usw.) so viele verschiedene Reize gleichzeitig aufnimmst, dass du sie nicht mehr verarbeiten kannst. Bei häufiger Reizüberflutung drohen Konzentrationsprobleme.

Wenn du dich konzentriert mit einer Sache beschäftigen möchtest, versuche dich nicht von anderen Reizen ablenken zu lassen. Schalte während der Hausaufgaben einfach das Handy aus, damit du nicht ständig durch Nachrichten auf WhatsApp, Snapchat oder durch Posts bei Instagram abgelenkt wirst.

Lass dich in den Sozialen Medien möglichst nicht auf jede Diskussion ein. Du musst im Klassenchat nicht auf alle Regungen deiner Mitschüler reagieren. Manchmal tut es gut, sich herauszuhalten.

Was ist ein Mediennutzungsvertrag?

Vielleicht gibt es bei euch zu Hause des Öfteren Streit darüber, wie lange du das Handy am Tag benutzen, fernsehen oder an der Konsole spielen darfst. Um solche Konflikte zu vermeiden, könntet ihr eine Art Vertrag abschließen.

Auf www.mediennutzungsvertrag.de könnt ihr im Handumdrehen einen Vertrag aufsetzen.

Ihr vereinbart dazu gemeinsam, wie lange du täglich (oder auch wöchentlich oder monatlich) welche Medien in welcher Form nutzen kannst. Beide Seiten müssen dieser Vereinbarung zustimmen. Am besten haltet ihr die Übereinkünfte schriftlich fest. Überlegt euch gut, was ihr vereinbart. Folgendes ist sinnvoll:

Die Zeit: Klärt, wie lange du am Tag Bildschirmmedien nutzen darfst. Während der Schularbeiten oder Essenszeiten solltest du nicht auf dem Handy erreichbar sein.

Das Verhalten: Falls dich jemand im Netz stalkt oder mobbt, bittest du deine Eltern um Hilfe. In Online-Spielen, Chatrooms oder sonstigen Social Media gibst du keine privaten Daten weiter.

Einige Anbieter bieten dir im Spielverlauf die Möglichkeit, kostenpflichtige Premium-Funktionen zu erwerben, über sogenannte In-App-Käufe. Bei Clash of Clans kannst du dir beispielsweise Upgrades kaufen – und hast schnell viel Geld ausgegeben.

Bilder und anderes: Du machst und veröffentlichst keine Fotos, Filme oder Tonaufnahmen von anderen ohne deren Einwilligung.

Einstellungen: Schau dir mit deinen Eltern die Einstellungen deines Handys und der von dir genutzten Apps an. Überlegt gemeinsam, wie du deine Daten schützen kannst. Verschicke nie über öffentliches WLAN private Daten und schalte Bluetooth, FaceTime und GPS nur ein, wenn notwendig.

Online-Spiele: Du schließt deine Eltern nicht aus. Sie dürfen auch mal zusehen, vielleicht sogar mitspielen. Ob ein Spiel altersgerecht ist, entscheiden sie.

Geld: Was darfst du für Spiele oder *In-App-Käufe* ausgeben? Welcher Handytarif ist der beste für dich? Legt gemeinsam einen finanziellen Rahmen fest.

Marc hängt ständig am Handy. Er spielt, chattet und guckt darauf Serien. Das Handy ist sein ständiger Begleiter. Rund um die Uhr ist er erreichbar. Ganz schön anstrengend auf die Dauer. Kann er überhaupt noch ohne sein Handy auskommen?

Digital Detox – Wie „entgiftest" du dich von der Technik?

Wenn du von deinem Smartphone nicht mehr wegkommst, dich bei den Hausaufgaben häufig ablenken lässt und ständig glaubst, etwas Wichtiges zu verpassen, wenn du nicht alle paar Minuten draufschaust, kann dein Smartphone zum Stressfaktor werden. Spätestens dann ist es Zeit fürs regelmäßige *Handyfasten*. Probiere dein Handy von Zeit zu Zeit auf den Flugmodus zu stellen, damit du zwischendurch Ruhe vor dem Gerät hast. Speziell für Hausaufgaben – oder falls du von einer Spiele-App einfach nicht lassen kannst – gibt es auch Apps, die dir beim Handyfasten helfen.

Handyfasten ist ein bewusster Verzicht aufs Handy.

Übersetzt heißt **Digital Detox** so viel wie digitale Entgiftung.

Das sogenannte *Digital Detox* geht über das Handyfasten sogar noch hinaus – es umfasst auch den Verzicht auf andere Medien. Das Ziel ist, sich weniger von den Medien vereinnahmen zu lassen. Wer sich von Smartphone, PC und Spielekonsole „entgiften" möchte, sollte mal Folgendes probieren: Töne und Push-Benachrichtigungen bei Messengern und anderen Diensten ausstellen, nicht gleich auf jede Nachricht reagieren, einen Wecker benutzen statt des Handys, Termine in einem Notizbuch aus Papier festhalten, das Handy während der Mahlzeiten abschalten oder auf den Flugmodus stellen, sich mit der Familie auf ein Zimmer einigen, in dem weder Computer noch Konsole oder Handy erlaubt sind, telefonieren statt chatten, ab und an absichtlich das Handy zu Hause „vergessen", regelmäßig einen Tag ganz ohne Medien einlegen – vielleicht sogar ein ganzes Wochenende.

Suchtgefahr: Ab wann droht die Abhängigkeit?

Ob Computer, Smartphone, Spielekonsole oder Internet – Medien üben eine Faszination auf uns aus. Und so manch einer vergisst beim Zocken schnell mal die Zeit. Aber ab wann wird das problematisch? Wann wird aus der Freizeitbeschäftigung eine Sucht?

Das lässt sich pauschal gar nicht so leicht beantworten. Denn die Grenzen zwischen „normaler" Nutzung und Suchtverhalten verlaufen fließend. Und nicht jeder, der mal ein Wochenende lang am Computer daddelt, ist automatisch abhängig.

Kritisch wird es erst, wenn einzelne oder sogar mehrere der folgenden Merkmale über einen längeren Zeitraum zutreffen: Wenn die eigenen Gedanken permanent um Computer, Konsole oder Smartphone kreisen, die Geräte den eigenen Alltag bestimmen und man sich nur unter großer Kraftanstrengung vom Bildschirm lösen kann. Wenn man die Kontrolle über die Zeit verliert, die man mit spielen, chatten oder surfen verbringt, und auch nachts kein Ende findet. Wenn sich die Zeiträume, die man mit den Medien verbringt, stetig verlängern und es einem schwerfällt, aufzuhören oder die Zeiträume zu begrenzen. Wenn man seine täglichen Pflichten, zum Beispiel die Hausaufgaben, vernachlässigt. Wenn man nervös, gereizt oder unruhig wird, sobald man auf Computer, Handy oder Internet verzichten muss. Wenn man sich immer mehr von Freunden und Familie zurückzieht und abkapselt. Wenn man frühere Interessen oder Hobbys vernachlässigt und auch die schulischen Leistungen nachlassen. Wenn man gar aufs Essen verzichtet, um nur ja keine Zeit zum Chatten oder Spielen zu verlieren. Wenn sich die intensive Mediennutzung körperlich niederschlägt, man beispielsweise ständig übermüdet ist, stark ab- oder zunimmt. Wenn man trotz negativer Auswirkungen auf den Alltag oder das eigene Wohlbefinden einfach nicht von den Geräten lassen kann. Wenn man Enttäuschungen, Misserfolge oder Probleme im „wahren" Leben durch das Eintauchen in virtuelle Welten zu verdrängen sucht.

Was ist zu tun, wenn eine Abhängigkeit vorliegt?

Falls du bei jemandem in deinem Freundeskreis eine Medienabhängigkeit vermutest, sprich ihn oder sie darauf an und teile demjenigen mit, dass du dir Sorgen machst – ganz wertfrei und ohne Vorwürfe. Das kann ein erster Anstoß für ihn oder sie sein, gegen die Abhängigkeit vorzugehen. Wer sich darüber Klarheit verschaffen möchte, ob er womöglich selbst abhängig ist, kann das zum Beispiel durch einen anonymen Selbsttest machen. Die Website **www.ins-netz-gehen.de** bietet einen solchen Test an. Besteht der Verdacht auf eine Abhängigkeit, sollte man sich unbedingt Hilfe holen, denn dabei handelt es sich um eine ernst zu nehmende und gefährliche Krankheit! Wer sich nicht den Freunden oder Eltern anvertrauen mag, findet kostenlose Hilfe beispielsweise bei der **Nummer gegen Kummer, Telefon: 116111**. Zu weiteren Hilfsangeboten siehe Anhang!

Wichtig bei der Bekämpfung einer Abhängigkeit ist auf jeden Fall, dass man den Betroffenen nicht unter Druck setzt oder ihm gar die Schuld daran gibt. Eine Abhängigkeit kann viele Ursachen haben. Oft liegen persönliche Probleme zugrunde, wie Sorgen, Einsamkeit oder Minderwertigkeitsgefühle. Es muss Verständnis für diese Probleme aufgebracht werden, damit man dem Betroffenen helfen kann. Gut ist es, wenn Freunde und Familie sich darum bemühen, demjenigen wieder Freude an früheren Hobbys und gemeinsamen Aktivitäten zu vermitteln und so ein Gegengewicht zu seinem Medienkonsum zu schaffen. Ganz ohne professionelle Hilfe allerdings lässt sich eine Abhängigkeit nur schwer bekämpfen. Es gibt zum Glück viele Anlaufstellen, gerade auch für Jugendliche (siehe Anhang).

Was ist ein Algorithmus?

YouTube ist das von Jugendlichen meistgenutzte Online-Portal. Damit du möglichst lange auf dieser Plattform verweilst, registriert YouTube jeden deiner Klicks und schlägt dir Videos vor, die dich interessieren könnten. Wie schafft YouTube das?

Das hängt damit zusammen, wie die Computer, mit deren Hilfe das Portal von YouTube betrieben wird, programmiert sind. Hinter den Programmierungen stecken mathematische Algorithmen. Ein *Algorithmus* ist vergleichbar mit einer Schritt-für-Schritt-Anleitung, zum Beispiel einer Anleitung zum Bau eines Papierfliegers. Folgt man der Anleitung Schritt für Schritt, erhält man am Ende das gewünschte Ergebnis, nämlich einen schnittigen Flieger. Auch Computer brauchen solche Anleitungen, damit sie bestimmte Funktionen ausführen können.

Die Algorithmen von YouTube und diversen Suchmaschinen funktionieren nun folgendermaßen: Sie sammeln und merken sich jeden deiner Klicks und erkennen daran, was dir besonders gut gefällt oder dich interessiert. Sie filtern dann gezielt Videos, Produkte oder Freundschaftsvorschläge für dich heraus und zeigen dir diese an. Du hast sicherlich auch schon bemerkt, dass du manchmal Werbung bekommst, wenn du dich für bestimmte Themen interessierst oder Dinge kaufst. Inhalte, die nicht zu deinen Vorlieben passen, filtern die Algorithmen aus.

Lässt du dich nur von diesen automatisch erstellten Vorschlägen leiten, befindest du dich bald in einer „Filterblase". Dann entgehen dir möglicherweise viele Dinge, die dich ebenfalls interessieren könnten, oder Freundschaftsvorschläge zu echt netten Leuten.

Wie du den Filterblasen am besten entkommst, erfährst du auf den folgenden Seiten!

Das Wort Algorithmus leitet sich vom Namen des arabischen Rechenmeisters Muhammad Ibn-Mūsā al-Ḫwārizmī (780-840 n. Chr.) ab. Der Gelehrte lebte in Bagdad (im heutigen Irak) und arbeitete im „Haus der Weisheit".

Wir alle wollen uns frei informieren können. Das Internet gibt uns dazu scheinbar alle Möglichkeiten. Doch so einfach ist es nicht, denn die Suchmaschinen und Sozialen Medien kennen unsere Vorlieben und bedienen diese ständig.

Wenn andere für dich auswählen – Was sind Filterblasen?

Es geht um dein Klickverhalten. Suchmaschinen, Online-Händler und Soziale Medien speichern jeden Klick und ziehen daraus Rückschlüsse.

Ein Beispiel: Du möchtest ein Longboard kaufen und suchst im Netz danach, guckst dir auf YouTube entsprechende Filme an und diskutierst mit Freunden bei WhatsApp über verschiedene Boards. Die Plattformen merken sich das und filtern nun für dich Vorschläge. Beim nächsten Mal, wenn du nach Schuhen suchst, erhältst du vielleicht Werbung von einer Marke, die bei Longboardern beliebt ist, auf YouTube werden dir Filme von Longboardern angezeigt und plötzlich ist in deiner Medienwelt das Longboardfahren allgegenwärtig.

Der Internetaktivist Eli Pariser prägte dafür den Begriff der „Filterblase". Er hatte bei Facebook sowohl Freunde von der Partei X als auch von der Partei Y. Nun klickte er aber oft Posts von der Partei Y an. Sofort wurden ihm kaum noch Posts von seinen Freunden aus der Partei X gezeigt. Auf die Dauer sah er nur noch die Meinungen von Partei Y. Er war umgeben von einer Filterblase und glaubte, die ganze Welt denke wie seine Freunde von der Partei Y.

Wer sich von solch einer Filterblase einlullen lässt, kann schnell den objektiven Blick für eine Sache verlieren, denn er betrachtet sie nur noch aus einem Blickwinkel. Das ist besonders bei Streitpunkten schwierig. Denn wer kein Verständnis für die Sicht seines Gegenübers entwickelt, findet schwer Kompromisse.

Was hörst du in der Echokammer?

Du kannst auf Fake News reinfallen. Aber manchmal betrügst du dich auch selbst. Dabei helfen dir Instagram, Snapchat, Facebook, WhatsApp und all die übrigen Sozialen Medien, die du täglich nutzt. Wie geht das?

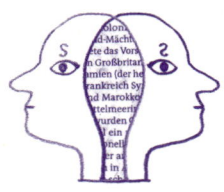

Indem du nur solchen Leuten in den Sozialen Netzwerken folgst, deren Meinung oder Hobbys du gut findest. Oder nur Freunde auf deinem Account zulässt, die deine Ansichten teilen. Diese liken dann jene Dinge, die du gut findest, schicken dir nur noch Bilder, die dir gefallen, und du likst die Dinge, die sie gut finden. Ihr teilt Beiträge und Fotos und bald schon lebst du in deiner eigenen kleinen „Echokammer", in der du dich wohlfühlst, weil alle deiner Meinung sind.

Das Wort Echo trifft es gut, denn du postest in den digitalen Wald hinein und es kommt genau das Echo zurück, das du erwartest. Bei *Pippi Langstrumpf* klingt das so: „Ich mach' mir die Welt, wie sie mir gefällt!" Das Problem ist, dass es dich nicht weiterbringt, wenn du nur deine Meinung ständig gespiegelt bekommst. Es fördert vielmehr Engstirnigkeit und Ichbezogenheit. Seit es Smartphones gibt, ist das Problem Echokammer stetig gewachsen, weil du dir ständig und überall deine Bestätigung holen kannst.

Zusammengenommen sind Filterblase und Echokammer so etwas wie dein persönliches Informationsuniversum, in dem du lebst und durch das deine Meinung und dein Denken geprägt werden.

Wo bleibt da der freie Wille? Versuche, dich nicht zu sehr von dem beeinflussen zu lassen, was dir die Medien täglich mundgerecht auftischen. Bleib offen für andere Meinungen und Sichtweisen. Sei einfach neugierig!

Pippi Langstrumpf ist bekanntermaßen eine Romanfigur der schwedischen Kinderbuchautorin Astrid Lindgren (1907-2002). Pippi konnte einfach alles, sogar mit dem Auto fliegen und ein Pferd stemmen.

Barack Obama, der erste schwarze Präsident der USA, bekam die Folgen von Filterblasen und Echokammern zu spüren. Fake News gegen ihn verbreiteten sich im Netz – und brachten Teile der US-Bevölkerung gegen ihn auf.

Was können Echokammern und Filterblasen anrichten?

Barack Obama war von 2009 bis Anfang 2017 Präsident der USA. Dass er schwarz war, war jedoch manchen Amerikanern ein Dorn im Auge. Absichtlich in Umlauf gebrachte Falschmeldungen machten im Netz schnell die Runde: Man behauptete, Obama sei nicht in den USA geboren und somit dürfe er nach der geltenden Verfassung nicht Präsident dieses Landes sein.

Obamas Gegner griffen diese Falschmeldung begierig auf und diskutierten sie auf Plattformen wie Facebook. Wie in einer Echokammer bestätigten sie sich gegenseitig immer wieder ihre Meinung. Durch Suchmaschinen gesteuerte Filterblasen taten ihr Übriges, sodass 2010 rund ein Viertel der US-Amerikaner an die Geburtslüge glaubte. Tatsächlich war an dieser Behauptung aber rein gar nichts dran, denn Barack Obama war am 4. August 1961 im US-Bundesstaat Hawaii geboren und somit rechtmäßig zum Präsidenten gewählt worden.

2016 sorgte ein anderer Fall für Aufsehen: Ein bewaffneter Mann stürmte eines Tages eine Pizzeria in Washington, D.C. (USA). Er hatte die Absicht, einen seiner Meinung nach dort im Keller befindlichen Kinderpornoring gewaltsam auffliegen zu lassen. Doch es gab hier keinen Keller – und schon gar keinen Kinderpornoring. Was hatte den Mann nur zu diesem Beinahe-Amoklauf veranlasst?

Er war einer über Twitter verbreiteten Falschnachricht aufgesessen und fühlte sich verpflichtet, dem kriminellen Tun in der Pizzeria ein Ende zu setzen.

Wie kommst du raus aus der Info-Blase?

Vermutlich will sich niemand nachsagen lassen, engstirnig und ichbezogen zu sein. Untersucht man aber das Surfverhalten der meisten User, wirkt dieses sehr einspurig. Es ist geprägt durch Echokammern und Filterblasen.

Wie kommst du raus aus dieser eingeschränkten Informationswelt? Du musst dazu aktiv werden. Der Lohn dafür ist aber ein Stück Freiheit – die Freiheit, nicht (mehr) von anderen manipuliert zu werden und eine offene Sichtweise zu bewahren.

Beachte dazu folgende Regeln: Nutz nicht ausschließlich Google als Suchmaschine. Du bekommst bei Google immer auf dich zugeschnittene Informationen. So rutschst du immer tiefer in die Filterblase. Spezialisiert auf neutrale Suchergebnisse ist beispielsweise die deutsche Suchmaschine unbubble.eu.

Lösche regelmäßig deine Browserhistorie und die Cookies. Wenn du gleichzeitig Strg, die Umschalttaste und Entf. drückst, öffnet sich das Fenster „Browserverlauf löschen". Dort kannst du anklicken, was du löschen möchtest.

Solltest du auf Social Media wie Facebook unterwegs sein, dann like nicht nur Äußerungen, die dir in den Kram passen. Sei offen für andere Sichtweisen.

Wer sich für Politik und Nachrichten interessiert, der sollte sich nicht eine Zeitung als Startseite einrichten, sondern beispielsweise zu www.newstral.com wechseln. Der Vorteil: Hier gibt es Schlagzeilen und Berichte aus verschiedenen Zeitungen und Online-Diensten.

Auf den Webseiten wirst du ständig „getrackt" – dein Surfverhalten wird also ausspioniert, um es zu analysieren und dir zukünftig passende Suchergebnisse anzuzeigen. Doch das lässt sich verhindern mit einem *Add-on* wie Ghostery.

> Ein **Add-on** ist ein Zusatzprogramm. Bei Ghostery handelt es sich um ein Browserzusatzprogramm, das den Nutzer beim Surfen auf versteckte Dienste hinweist, die Nutzerdaten an Dritte weitervermitteln.

Willkommen in …

Clickbaiting – Wie wird deine Neugier ausgenutzt?

„Clickbaits" sind „Klickköder". Sie sollen den Internetnutzer zum Klicken auf ein Video oder einen Link verleiten. Clickbaits fallen vor allem durch ihren meist reißerischen, knackigen Titel ins Auge.

In Zeitungen nennt man so was auch Anreißer, im TV spricht man von Teasern. Wichtig ist, dass in diesen Titeln nicht zu viel vom Inhalt preisgegeben wird. Dadurch entsteht eine Informationslücke (englisch: *curiosity gap*), die den Leser oder Zuschauer neugierig macht – und ihn zum Weiterblättern, Weitergucken oder Weiterklicken verleitet.

Ein Beispiel aus den Nachrichten: Ein Mann hat einen Passanten mit einem Messer bedroht und der Täter ist flüchtig. Ein Journalist hat nun verschiedene Möglichkeiten, einen Bericht darüber anzupreisen. Er schreibt zum Beispiel: „Mann griff Fußgänger an! Täter noch flüchtig!" Oder aber er schreibt: „Wann sticht der Messer-Mörder erneut zu?! Die Polizei warnt!"

Während die erste Variante eher auf den Verstand zielt, spricht die zweite das Gefühl, in diesem Fall die Angst der Leser, an. Die meisten Leser reagieren auf die dramatische zweite Variante. Deshalb verkaufen sich Boulevardzeitungen wie die Bild besser als Tageszeitungen wie die Frankfurter Allgemeine Zeitung, die eher auf sachliche, nüchterne Information setzt.

Im Netz betreiben viele Seiten das Spiel mit der zweiten Variante. Bei www.heftig.de wird die Aufmerksamkeit beispielsweise mit clickbaits geweckt wie „19 Hunde, die aussehen wie Stars oder Gegenstände" oder „Wintergefahr auf Klobrille fordert jährlich 10 000 Tote". Hinter solchen Clickbaits verbergen sich häufig Fake News. Bestenfalls verschwendest du auch nur deine Zeit damit. Ignoriere sie einfach.

Nach dem Ausschlussverfahren. Wie verrennst du dich im Netz?

Wie beurteilen wir eine Information? Ständig fällst du Entscheidungen: auf Instagram, Facebook und beim Surfen. Du likst, addest, hebst den Daumen, entscheidest dich, dies oder jenes anzuklicken. Oft denkst du gar nicht groß darüber nach.

Wichtig bei der Bewertung von Informationen ist die Zeit, die du dir zum Erfassen der Informationen nimmst. Viele Entscheidungen im Netz haben keine große Tragweite für dich. Was spielt es schon für eine Rolle, ob du ein Video likst oder nicht? Du entscheidest also in Sekundenschnelle. Da du aber tagtäglich eine Menge solcher belanglosen Entscheidungen triffst, gewöhnst du dir bald an, einfach immer aus dem Bauch heraus zu entscheiden – auch bei wichtigen Dingen wie etwa der Wahl des Schulpraktikums oder bei einer Kaufentscheidung. Das ist problematisch, denn manch eine Wahl, die du triffst, lässt sich nicht durch einen einfachen Klick wieder rückgängig machen.

Bevor du eine Entscheidung triffst, solltest du gründlich überlegen und abwägen. Das gilt besonders bei der Wahl einer Partei oder beim Für und Wider zu wichtigen Themen. Du solltest Informationen sammeln, prüfen und dann erst entscheiden – und den für dich richtigen Weg wählen.

Unser Urteilsvermögen wird durch unsere Wahrnehmung bestimmt. Oft beachtest du nur das, was deine Vorurteile bestätigt. Wenn du im Netz Informationen findest, die nicht in dein Weltbild passen, haben sie keine große Chance, von dir wahrgenommen zu werden. Allzu schnell verrennst du dich so in eine Sache. Das Fachwort dafür heißt Bestätigungsfehler *(confirmation bias)*. Im Netz passiert das besonders leicht, da wir, falls uns etwas nicht passt, sofort weiterklicken können – und zur Bestätigung unseres Weltbildes unendlich viele passende Aussagen finden.

Cybermobbing und Hate Speech

Warum ausgerechnet ich?

Durchschnittlich jeder Dritte wurde schon mal Opfer von Cybermobbing. Dazu gehört, dass er von einer Gruppe massiv beleidigt, verleumdet oder ausgegrenzt wurde, vielleicht sogar bedroht oder sexuell im Netz verunglimpft und bloßgestellt.

Häufig geben sich die Mobbingopfer selbst die Schuld daran, doch tatsächlich kann einfach jeder zur Zielscheibe von Mobbern werden. Alles Mögliche kann von ihnen zum Anlass genommen werden. Mit einem selbst hat das rein gar nichts zu tun!

Die Gründe der Täter sind vielfältig, die meisten machen andere einfach nur deshalb nieder, um selbst besser dazustehen. Zuweilen werden auch Ex-Mobbingopfer zu Tätern, weil sie nicht erneut Opfer werden oder sich rächen wollen.

Cybermobbing ist besonders grausam.

Mobbing geht heute in der Regel mit Cybermobbing einher. Zum „analogen Mobbing" in der Realwelt kommt also fast immer das Cybermobbing mithilfe digitaler Medien. Das Cybermobbing ist allerdings wesentlich gemeiner. Denn der Geschädigte ist immer erreichbar – nicht nur im Klassenraum, sondern auch noch abends im Bett oder am Wochenende.

Und die Mobber müssen nicht einmal ihre wahre Identität zeigen. Sie können ihr Opfer rücksichtslos beschimpfen und beleidigen. Da sie den Gemobbten während der Tat nicht vor Augen haben, sinkt ihre Hemmschwelle. Sie verspüren kein Mitleid und keine Reue. Und während ein blöder Kommentar auf dem Schulhof vielleicht bald vergessen ist, bleiben Mobbingposts dauerhaft abrufbar. Die Tatverantwortlichen können sich daran immer wieder erfreuen und der Geschädigte leidet.

Zudem werden damit in kurzer Zeit viele Menschen erreicht. Der Schaden für das Opfer ist also nicht auf eine kleine Gruppe wie die Klasse begrenzt, sondern kann sich sehr schnell auf das private Umfeld ausweiten.

Jetzt könnte man meinen, dass die Gemobbten vielleicht bei ihren Eltern Hilfe suchen, doch das tun sie in der Regel nicht. Teils deshalb, weil sie befürchten, dass ihnen das Handy dann vorsorglich von den Eltern weggenommen wird. Oft aber auch deshalb, weil sie – berechtigterweise – befürchten, die Situation durch Einmischung der Eltern noch zu verschlimmern. Tatsächlich ist es für die Opfer aber enorm wichtig, sich Hilfe zu holen, denn alleine kommen sie aus diesem Teufelskreis nicht heraus. Und je früher gegen das Mobbing angegangen wird, desto größer sind die Chancen, es auch wirklich beenden zu können.

Greift niemand gegen das Cybermobbing ein, können die Folgen für den Geschädigten schlimm sein. Sie reichen von Minderwertigkeitsgefühlen und Traurigkeit bis hin zur Aggression. Manchmal spielen Mobbingopfer sogar mit Selbstmordgedanken. So ging es beispielsweise der kanadischen Schülerin Amanda Todd, die mit 15 Jahren Selbstmord beging. Kurz zuvor hatte sie noch ein Video auf YouTube veröffentlicht, in dem sie ihre Leidensgeschichte erzählte.

Das Internet begünstigt die Anonymität von Cypermobbern.

Selbstschutz: Wie machst du dich weniger angreifbar?

Ben tut sich in der Schule schwer, Freundschaften zu schließen. Online findet er das leichter. Dort erzählt er alles über sich – auch dass er Pferde mag. Doch schon bald betiteln ihn seine Mitschüler als „Mädchen". Hat er zu viel über sich preisgegeben?

Wirkliche Freundschaft braucht Zeit. Überlege dir immer genau, wem du was im Netz mitteilst. Nicht jeder braucht deine Adresse, deine Geburtsdaten und deine Handynummer. Und deine Passwörter gehen schon gar niemanden etwas an! Plaudere nicht allzu offen über Persönliches. Andernfalls könnte zum Beispiel jemand, der dir übel mitspielen will, Informationen über dich nutzen, um dich vor anderen bloßzustellen. Nur echten Freunden kannst du dein Gefühlsleben und Privates anvertrauen.

Auch nicht jeder Schnappschuss muss veröffentlicht werden. Später bereuen Geschädigte oftmals, dass sie irgendwann ein unvorteilhaftes Foto von sich gepostet haben – gerät dieses in falsche Hände, kann es leicht zum Mobbing missbraucht werden. Wenn du Social Media nutzt, achte darauf, dass nicht jeder alles sehen kann, was du online tust. Das kannst du durch die Sicherheitseinstellungen regeln. Die Betreiber der Plattformen möchten, dass möglichst viele Daten von dir im Umlauf sind – nur du kannst das verhindern.

Verstehst du dich mit jemandem gut, solltest du private Dinge, deine Ängste und Sorgen, Liebesgeheimnisse oder Wünsche von Angesicht zu Angesicht mit ihm teilen – nicht online.

Besondere Vorsicht ist bei „Freunden" geboten, die du nur aus dem Netz kennst. Egal, ob du mit Leuten über die Konsole oder ein Social Network in Kontakt trittst, denke daran, dass du sie schlecht einschätzen kannst.

Wurde Ben anfangs „nur" als Mädchen aufgezogen, werden die täglichen Mobbingattacken nun stetig bösartiger. Ben fühlt sich alleingelassen und hilflos. Er hat Angst vorm kommenden Schultag und der nächsten Nachricht. Was kann er tun?

Erste Hilfe: Wie wehrst du dich?

Vermutlich hat sich Ben aus Scham oder Angst nicht schon früher Hilfe geholt. Als ihm sein Bauchgefühl sagte, dass er von den anderen ausgegrenzt wird, hätte er reagieren sollen. Aber auch jetzt ist es nicht zu spät.

Hilfe holen: Alleine wird Ben kaum dem Mobbing entkommen. Deshalb sollte er sich mit seinen Eltern unterhalten. Oder einen Lehrer einbeziehen. Falls Ben das Gespräch mit anderen zunächst scheut, kann er die **Nummer gegen Kummer** wählen: **116111**. Hier erhält er kostenlos und anonym Rat und Hilfe.

Beweise sammeln: Mobbing ist strafbar. Und beim Cybermobbing können die Behörden in der Regel leicht nachverfolgen, welcher Post von wem stammt. Deshalb sollte Ben Beweise sichern: Screenshots von den Beschimpfungen machen, Fotos und Chatverläufe sichern oder sich aufschreiben, wer bei einer Aktion gegen ihn mit dabei gewesen ist. Mit diesen Beweisen kann Ben die Mobber anzeigen.

Mobber melden: Manchmal wirkt es Wunder, wenn die Mobber von WhatsApp, Facebook oder Instagram ermahnt oder gar gesperrt werden. Ben kann sich bei den Diensten darüber beschweren, wenn er von einem anderen Nutzer beleidigt, genötigt oder verunglimpft wird. In den AGB (Allgemeinen Geschäftsbedingungen) der Dienste ist dies geregelt. WhatsApp schreibt zum Beispiel: „Wir verbieten den Missbrauch unserer Dienste und schädliches Verhalten gegenüber anderen."

> Die **Nummer gegen Kummer** (116111, www.nummergegenkummer.de) ist für jeden da. Auch eine Online-Beratung ist dort möglich. Weitere Hilfsangebote findest du im Anhang!

Strafen: Was droht den Mobbern?

„Die Würde des Menschen ist unantastbar." So steht es in Artikel 1 des deutschen Grundgesetzes. Cybermobbing greift jedoch die Würde an. Wie schützt das Gesetz die Geschädigten davor?

Im österreichischen Strafgesetzbuch heißt es unter Paragraf 107c, dass die dauerhafte Belästigung im Netz, per Telefon oder auch auf der Konsole bestraft wird. Es ist verboten, vor den Augen anderer die „Ehre" eines anderen zu verletzen oder Fotos von ihm oder ihr anderen zugänglich zu machen. Bis zu einem Jahr Gefängnis droht den Tätern.

In Deutschland gibt es zwar keinen speziellen Cybermobbing-Paragrafen, aber Mobber verstoßen häufig gleich gegen mehrere Paragrafen des Strafgesetzbuches, wenn sie jemanden beleidigen (§ 185), ihm oder ihr übel nachreden (§ 186), ihn oder sie nötigen, etwas zu tun (§ 240), jemanden bedrohen (§ 241) sowie *Ton-* oder *Filmaufnahmen* und *Fotos* von jemandem ohne dessen Einwilligung weitergeben (§ 201). Angefangen von Geldstrafen erwarten den Täter bis zu fünf Jahre Freiheitsentzug.

Strafrechtlich haftbar sind Jugendliche erst ab dem 14. Lebensjahr. Das heißt aber nicht, dass jüngere Täter ungeschoren davonkommen. Für Kinder ab sieben Jahren gilt nämlich die zivilrechtliche Haftung. Die Eltern des Geschädigten können daher über einen Anwalt eine Abmahnung erteilen und eine Unterlassung durchsetzen. Das heißt, der Mobber muss schriftlich erklären, dass er zukünftig das Mobbing unterlässt. Und seine Eltern haben die saftigen Anwaltskosten für die Abmahnung zu zahlen. Wer sich weigert, die Unterlassungserklärung zu unterzeichnen, oder erneute Mobbingattacken startet, muss mit weiteren Strafzahlungen oder gar Gerichtsverfahren rechnen.

Nicht nur bei **Fotos** und **Filmen**, sondern auch bei **Tonaufnahmen** von jemandem musst du dir dessen Einwilligung einholen, bevor du das Material veröffentlichst.

Hate Speech ist englisch und bedeutet Hassrede. Sie richtet sich oft gegen Menschen anderer Hautfarbe, anderen Glaubens, anderer Herkunft oder anderer sexueller Ausrichtung. Um diese zu diskriminieren, werden Worte, Fotos und Symbole eingesetzt.

Warum ist so viel Hass im Netz?

Dass Menschen andere Gruppen von Menschen beschimpfen, gibt es immer schon – und es ist immer schon falsch. Unabhängig davon, ob sich die Beschimpfungen gegen Muslime, Juden, Christen, Einwanderer oder Einheimische richten. Doch in den vergangenen zwanzig Jahren treten solche Anfeindungen vermehrt auf.

Das hat unter anderem zwei Ursachen: Erstens besitzen wir heute Soziale Netzwerke, mit denen jedermann schnell seine Meinung verbreiten kann. Zweitens hat sich die Welt durch den 11. September 2001 extrem verändert. Damals verübten radikalislamistische Attentäter einen *Terroranschlag* auf das World Trade Center in New York (USA). Es starben etwa 3 000 Menschen. Zu den Vorurteilen gegen muslimische Einwanderer gesellte sich damit die Angst vor *radikalen Islamisten*.

Die Hate Speech im deutschsprachigen Raum richtet sich daher oft gegen Muslime. Das hängt auch mit der wachsenden Zahl an Flüchtlingen zusammen.

Die Methode der Hasser: Sie unterscheiden zwischen „uns" und den „anderen", wobei die anderen stets negativ bewertet werden. Wenn einer von ihnen beim Diebstahl ertappt wird, schließen die Hassredner gleich auf die ganze Gruppe. Dann sind beispielsweise alle Asylanten automatisch Diebe. Der Einzelfall wird so verallgemeinert. Häufig wird noch etwas hinzugedichtet und das Ganze findet sich dann als Hate Speech im Netz wieder.

Terror ist die gezielte Verbreitung von Angst und Schrecken. Dazu morden Terroristen nicht nur, sondern führen auch öffentliche Hinrichtungen durch und posten Videos davon.

Radikale Islamisten wollen im Namen Gottes (Allahs) einen Staat in eine strikt muslimische Gesellschaft nach den Gesetzen des Islams umbauen – beziehungsweise danach, wie sie den Islam (die Religion der Muslime) auslegen. Sie schrecken dabei vor Gewalt nicht zurück.

Wie kannst du Hate Speech kontern?

Hassrede speist sich aus Behauptungen – nicht aus Fakten. Den meist haltlosen Behauptungen kannst du am besten mit Fakten und entkräftenden Argumenten begegnen. Beispielsweise so:

Behauptung: Wir können nicht alle Flüchtlinge aufnehmen!

Gegenargument: Das müssen wir auch nicht. Denn die meisten Flüchtlinge fliehen innerhalb ihres Landes oder ins direkte Nachbarland. Auf die Einwohnerzahl gerechnet nimmt der Libanon die meisten Flüchtlinge auf: 2015 waren es – immer auf 1 000 Einwohner gerechnet – im Libanon etwa 183, in der Türkei 32, in Schweden 17, in Österreich 10 und in Deutschland 5.

Behauptung: Mit den Asylbewerbern kommt der Terror ins Land.

Gegenargument: Viele Flüchtlinge haben in ihren Heimatländern Angehörige oder Freunde durch terroristische Anschläge verloren oder solche Attentate selbst überlebt. Terroranschläge hierzulande machen ihnen genauso viel Angst wie uns.

Behauptung: Die Flüchtlinge wollen doch gar nicht arbeiten!

Gegenargument: Flüchtlinge sind nicht zum Arbeiten nach Deutschland gekommen, sondern weil sie verfolgt wurden oder vor Krieg und Terror fliehen mussten. Deshalb gewährt ihnen der Staat Schutz *(Asyl)*. Anerkannte Asylbewerber haben allerdings die Möglichkeit, einer Tätigkeit nachzugehen. Die übrigen Flüchtlinge können unter bestimmten Vorraussetzungen hier arbeiten.

Behauptung: Die Asylpolitik kostet nur unser Geld.

Gegenargument: Die Asylbewerber können uns zukünftig helfen, bessere Kontakte zu den arabischen Ländern zu knüpfen.

Das Wort **Asyl** kommt aus dem Altgriechischen und heißt so viel wie „sicher". Wer Asyl erhält, soll sich also zumindest seines Lebens sicher sein und erhält ein Dach über dem Kopf.

Denn sie kennen nicht nur ihre eigene Sprache und Kultur, sondern auch die unsere.

Behauptung: Frauen, die Kopftuch tragen, wollen sich nicht integrieren.

Gegenargument: Die Beweggründe, ein Kopftuch zu tragen, sind unterschiedlich und müssen nichts mit dem Integrationswillen zu tun haben. Viele Frauen tragen aus religiösen oder kulturellen Gründen ein Kopftuch. Und in unserer Demokratie herrscht Religionsfreiheit, diese ist auch in der Charta der Europäischen Union fest verankert.

Behauptung: Den *Holocaust* hat es nie gegeben!

Gegenargument: Doch! Es ist eine unbestreitbare und unwiderlegbare Tatsache, dass Juden, Homosexuelle, Roma und Sinti und andere Gruppen von den Nationalsozialisten im Dritten Reich massenhaft ermordet wurden. Wer dies leugnet, macht sich strafbar.

Falls du mehr Argumente suchst oder dich eingehender mit Hate Speech beschäftigen willst, kannst du dich auf der vom Bundesministerium unterstützten Seite www.no-hate-speech.de informieren.

Der Begriff Holocaust stammt aus dem Altgriechischen und bedeutet so viel wie „vollständig verbrannt". Seit etwa 1970 wird damit die Ermordung von Millionen europäischer Juden in der Zeit des Nationalsozialismus bezeichnet. Gleichbedeutend wird auch der hebräische Begriff „Schoah" benutzt, zu Deutsch: „Große Katastrophe". Das Leugnen des Holocausts kann mit Freiheitsstrafen bis zu fünf Jahren bestraft werden.

Aktivisten der Organisation „Campact" protestieren 2018 gegen Hassnachrichten im Internet.

Was tut die Politik gegen die Online-Hetze?

Seit dem ersten Januar 2018 gilt in Deutschland das Netzwerkdurchsetzungsgesetz (NetzDG). Es soll Hass, Hetze und gezielte Falschmeldungen im Netz unterbinden. Genau jene Bösartigkeiten also, die mit Cybermobbing, Hate Speech und Fake News in Zusammenhang stehen.

Das Gesetz gilt jedoch nur für Soziale Medien wie Facebook, Twitter und YouTube. Nicht aber für Messengerdienste wie WhatsApp oder für E-Mails. Was beinhaltet das Gesetz konkret?

Falls sich jemand bei einer Online-Plattform über offensichtlich strafbare Inhalte wie Hate Speech beschwert, sind die Betreiber der Plattform dazu verpflichtet, innerhalb von 24 Stunden diese Inhalte zu prüfen und gegebenenfalls die gesetzeswidrigen Beiträge zu löschen. Wenn sie es nicht tun, drohen ihnen Geldstrafen bis zu 50 Millionen Euro.

Viele Nutzer begrüßen diese Regelung, die Konzerne wie Facebook dazu zwingt, schnell und konsequent auf Hassreden, Drohungen oder Beleidigungen zu reagieren. Doch Kritiker fürchten, dass dieses Gesetz dauerhaft der Meinungsfreiheit schadet, weil die Betreiber der Online-Dienste womöglich zu schnell und ungeprüft Beiträge löschen, um keine Geldstrafen zu riskieren. Die Reporter ohne Grenzen kritisierten, dass das Gesetz die privaten Betreiber zu „Richtern über die Presse- und Informationsfreiheit im Netz" gemacht hätte.

Täglich nutzen rund 17 Millionen Deutsche Facebook und 600 000 Twitter (Stand: Januar 2018).

Ob und wie gut das Gesetz greift, dazu lässt sich vorerst wenig sagen. Nachdem es etwa ein halbes Jahr in Kraft war, wurden bei *Facebook* von 1 704 gemeldeten Beiträgen 362 geblockt oder entfernt. Das sind am Tag etwa zwei Beiträge. Auf Twitter wurden 26 000 Beiträge infolge von 265 000 Beschwerden gelöscht. Und auf YouTube gab es 214 827 Meldungen, wobei gut ein Viertel der Beiträge entfernt wurde.

Beratung und Hilfsangebote

Bei (Cyber-)Mobbing, (Medien-)Abhängigkeit, Lebenskrisen, psychischen Problemen, Selbstmordgedanken, sexueller Belästigung, Gewalt und anderen Problemen

Deutschland:
www.nummergegenkummer.de
Kinder- und Jugendtelefon:
Telefon: 116111 (mo-sa: 14-20 Uhr)
E-Mail: info@nummergegenkummer.de
Jugendliche beraten Jugendliche:
Telefon: 116111 *und* 0800-111 0 333 (sa: 14-20 Uhr)
Elterntelefon: 0800-111 0 550
(mo-fr: 9-11 Uhr, di-do: 17-19 Uhr)

telefonseelsorge.de
Telefon: 0800-111 0 111
und 0800-111 0 222 *und* 116 123
Mit E-Mail- und Chat-Beratung

www.ins-netz-gehen.de
Mit Online-Beratung und
Selbsttest: Medienabhängigkeit

www.juuuport.de
Mit Online-Beratung

www.jugendnotmail.de
Mit Online- und Chat-Beratung

www.youth-life-line.de
Mit Online-Beratung zum
Thema Suizid/Selbstmord

www.sexundso.de
Mit Online-Beratung

www.sextra.de
Mit Online-Beratung

Österreich:
www.rataufdraht.at
Telefon: 147
Mit Online- und Chat-Beratung

beratungsstelle.counteract.or.at
Telefon: +43 (0)1 236 55 34
(mo-mi: 9-16.30 Uhr,
do: 10-18.30 Uhr,
fr: 9-15 Uhr)
Mit E-Mail-Beratung

Schweiz:
www.147.ch/de
Telefon und SMS: 147
E-Mail: beratung@147.ch

Klicktipps:
Alles über Medien

www.klicksafe.de
EU-Initiative für mehr Sicherheit im Netz; auf einer Extraseite für Jugendliche gibt es jede Menge Infos und Tipps fürs digitale Leben.

www.saferinternet.at
Tipps zum sicheren Umgang mit dem Internet und digitalen Medien; die Jugendseite bietet u. a. Leitfäden zur Sicherung der Privatsphäre bei WhatsApp, Instagram und Snapchat.

www.mediennutzungsvertrag.de
Hier kann man online ganz einfach einen Mediennutzungsvertrag erstellen.

www.handysektor.de
Tipps für den digitalen Alltag (Smartphones, Tablets, Apps usw.) und Infos zum sicheren Umgang mit dem Internet

www.checked4you.de
Online-Jugendmagazin der Verbraucherzentrale Nordrhein-Westfalen; u. a. Tipps gegen Abzocke

checkdeinpasswort.de
Hier kann man sein Passwort checken lassen und erhält Tipps zur Erstellung von sicheren Passwörtern.

www.blogkiste.com
Tipps und Tricks zum Bloggen für Anfänger und Profis

www.kompass-social.media
Bewertungen und Tipps zu beliebten Apps wie YouTube, Snapchat und Instagram

www.creativecommons.org
Hier findest du Fotos, die du unter bestimmten Bedingungen kostenfrei verwenden und verbreiten darfst.

www.archive.org
Gemeinnütziges Internetarchiv mit Sammlungen von Webseiten, Texten und Büchern, Audiodateien, Videos, Bildern und Software

www.bildblog.de
Kritische Analyse verschiedener Medien

euvsdisinfo.eu/de
Website, die russische Fake News und Desinformationen aufdeckt; eine Kampagne, die von der East StratCom Task Force im Europäischen Auswärtigen Dienst durchgeführt wird

faktenfinder.tagesschau.de
Website der ARD, die Fake News enttarnt und diverse Hintergrundinformationen liefert

www.newstral.com
Website, die Schlagzeilen und Berichte verschiedener Zeitungen bündelt

www.mimikama.at
Verein zur Aufklärung über Internetmissbrauch; Infos zu Fake News, Kettenbriefen, Nutzerrechten u. a.

www.hoaxsearch.com/search
Suchmaschine, die sich auf das Aufspüren von Fake News spezialisiert hat

hoax-info.tubit.tu-berlin.de
Hoax-Info-Service: Infos über Fake News, Kettenbriefe, falsche Virenwarnungen u. a.

citizenevidence.amnestyusa.org
YouTube-Data-Viewer von Amnesty International zur Hintergrundrecherche von YouTube-Videos

www.stopline.at
Meldestelle gegen Kinderpornografie und Nationalsozialismus im Internet

no-hate-speech.de
Europaweite Kampagne des Europarates gegen Hass im Netz; mit Tipps zur Gegenargumentation

www.proasyl.de/thema/rassismus/fakten-gegen-vorurteile
Tipps zur Gegenargumentation gegen Hass und Rassismus u. a.

www.bsi-fuer-buerger.de
Kostenloses Informationsangebot des Bundesamtes für Sicherheit in der Informationstechnik; u. a. gibt es hier aktuelle Virenwarnmeldungen und Sicherheitshinweise zum Umgang mit dem Internet.

www.jugendschutz.net
Kompetenzzentrum von Bund und Ländern für den Schutz von Kindern und Jugendlichen im Internet; es fordert Internetanbieter u. a. dazu auf, den Jugendschutz einzuhalten und Angebote entsprechend zu ändern, zu löschen oder unzugänglich zu machen.

www.internet-beschwerdestelle.de/de/index.html
Spam, rechtswidrige oder problematische Online-Inhalte können der Internetbeschwerdestelle gemeldet werden.

Suchmaschinen: Alternativen zu Google

www.startpage.com
Suchmaschine, die nach eigenen Angaben keine Nutzerdaten speichert; Suchanfragen werden von startpage.de an Google anonymisiert weitergeleitet

www.unbubble.eu
Metasuchmaschine, die auf neutrale Suchergebnisse spezialisiert ist und nach eigenen Angaben den Datenschutz gewährleistet

metager.de
Deutsche Metasuchmaschine der Universität Hannover, die nach eigenen Angaben keine Nutzerdaten speichert

www.ecosia.org
Suchmaschine, die 80 Prozent ihres Einnahmeüberschusses für gemeinnützige Naturschutzorganisationen spendet; die Suchergebnisse werden von Bing geliefert.

cliqz.com
Suchmaschine und Browser; speichert nach eigenen Angaben keine Nutzerdaten und schützt die Nutzer vor Trackern

duckduckgo.com
Suchmaschine, die nach eigenen Angaben keine Nutzerdaten speichert und dadurch u. a. Filterblasen verhindert

Messenger: Alternativen zu WhatsApp

Threema
Schweizer Instant-Messenger mit hohem Sicherheitsstandard und Ende-zu-Ende-Verschlüsselung

Signal
Dieser Dienst wird von Sicherheitsexperten aufgrund der hohen Datensicherheit empfohlen; mit Ende-zu-Ende-Verschlüsselung

Hilfreiche Apps und Programme

Cyber-Mobbing Erste-Hilfe-App
Kostenlose App der EU-Initiative klicksafe mit hilfreichen Tipps für Betroffene von Cybermobbing

Cyberhelp
Kostenlose App der Stiftung Medien- und Onlinesucht, mit Beratungsangeboten für Suchtgefährdete

SPACE
App zum Handyfasten

AppDetox
App zum Handyfasten

(OFFTIME)
App zum Handyfasten

Ghostery
Add-on gegen Tracking

Glossar

Account: Ein Account ist ein Nutzerkonto bei einem Internetdienst, das einem die Nutzung bestimmter Funktionen ermöglicht, beispielsweise das Einrichten einer *E-Mail*-Adresse oder eines Online-Profils. Für einen solchen Account benötigt man in der Regel einen Benutzernamen und ein *Passwort*.

AGB: Abkürzung für Allgemeine Geschäftsbedingungen. Darunter versteht man vorformulierte Vertragsbedingungen, die man akzeptieren muss, wenn man beispielsweise die Funktionen eines Online-Dienstes nutzen möchte. Häufig sind die AGB sehr lang und schwer verständlich formuliert. Dennoch sollte man sich die Mühe machen, sie zu lesen, damit man beispielsweise nicht versehentlich einem Online-Dienst oder einer App erlaubt, auf persönliche Daten zuzugreifen.

Algorithmus: Um ihre Funktionen erfüllen zu können, brauchen Computer Programmierungen beziehungsweise Algorithmen. Diese geben ihnen Schritt für Schritt vor, wie sie bestimmte Daten zu verarbeiten haben. Mittels eines Algorithmus berechnet das Navi beispielsweise den kürzesten oder schnellsten Weg für deine Fahrt.

Alternative Fakten: Der Begriff ist in sich widersprüchlich, denn zu Fakten gibt es keine Alternative. Kellyanne Conway, Beraterin von US-Präsident Donald Trump, verwendete diesen Begriff erstmals im Januar 2017, um offenkundige Unwahrheiten zu rechtfertigen. Der Begriff „Alternative Fakten" wurde 2017 zum „Unwort des Jahres" gewählt. Die Jury erklärte damals, die Bezeichnung sei der „verschleiernde und irreführende Ausdruck für den Versuch, Falschbehauptungen als legitimes Mittel der öffentlichen Auseinandersetzung salonfähig zu machen".

App: App ist die Abkürung für *application*, was so viel wie Anwendung bedeutet. Apps sind kleine Programme, die auf Smartphones oder Tablets installiert werden. Viele Apps kosten anfangs nichts, verlangen aber für Zusatzfunktionen Geld. Manche Apps spionieren auch Nutzerdaten aus. Bevor man also eine App installiert, sollte man sich deren *AGB* genau durchlesen.

Astroturfing: Das sogenannte astroturfing wird eingesetzt, um die Meinungen größerer Gruppen hinsichtlich eines bestimmten Themas zu beeinflussen. Dazu wird von Einzelnen beispielsweise über eine große Anzahl von Posts der Eindruck vermittelt, es gäbe bereits ein breites Interesse an diesem Thema. Es handelt sich somit um eine vorgetäuschte *Graswurzelbewegung*.

Blog (Web-Log), bloggen:
Nutzer, sogenannte Blogger, führen auf einer Internetseite eine Art öffentliches Tagebuch, einen Blog. Darin werden Meinungen und Erlebnisse persönlich kundgetan (gebloggt). Von *microblogging* spricht man, wenn sich der Blog auf einer Plattform wie Twitter befindet und die Blogbeiträge sehr kurz gehalten sind.

Bot: Verkürzung des englischen Wortes *robot*. Bots sind Softwareprogramme, die selbstständig auf Webseiten zugreifen, einzelnen Links folgen, Seiten miteinander verlinken, auf Hashtags reagieren, anderen Nutzern oder auch anderen bots im Netz folgen oder Server hacken. Bots imitieren dabei das Verhalten menschlicher Nutzer und sind daher oft nicht als Programme erkennbar. Siehe auch *social bot*.

Browser: Ein Browser ist ein Programm, das es dem Nutzer ermöglicht, Internetseiten im World Wide Web abzurufen und sich auf dem Computerbildschirm anzeigen zu lassen. Auf vielen Geräten sind bestimmte Browser schon vorinstalliert, zum Beispiel der Internet Explorer oder Safari. Man kann aber auch andere Browser verwenden.

Chat, chatten: *To chat* ist englisch und bedeutet so viel wie plaudern. In einem Chat kannst du dich mit anderen im Internet treffen und unterhalten. In sogenannten *Chatrooms* unterhalten sich meist mehrere Personen miteinander. Man kann aber auch über *Messenger* miteinander chatten – dann sind in der Regel nur zwei Personen beteiligt.

Chatroom: In einem Chatroom kannst du mit anderen in der Gruppe kommunizieren. Oftmals werden diese Chatrooms moderiert, also beaufsichtigt.

Clickbaiting: Das englische *clickbaiting* lässt sich am ehesten mit Klickködern übersetzen. Jemand verlockt einen Leser durch einen kurzen, reißerischen Titel dazu, einen Artikel oder ein Video anzuklicken. Mit Clickbaits will man unter anderem höhere Werbeeinnahmen durch Internetwerbung erzielen.

Cybermobbing: Wer gemobbt wird, ist ständig den Angriffen von anderen ausgesetzt. Über einen längeren Zeitraum hinweg wird er von einer größeren Gruppe schikaniert, ausgegrenzt und bloßgestellt. Beim Cybermobbing erfolgt die Schikane über Soziale Medien im Internet. Das Opfer hat somit keine Ruhe und keinen Rückzugsort mehr und leidet darunter, dass sich immer mehr Personen am Mobbing beteiligen.

Echokammer: Wer sich in Sozialen Netzwerken vor allem mit Gleichgesinnten umgibt, kann eine verengte Weltsicht bekommen. Denn er findet in diesem Umfeld immer wieder die Bestätigung (das Echo) der eigenen Meinung und erhält den Eindruck, dass viele andere eine ähnliche Sicht der Dinge haben. Vergleiche auch *Filterblase*.

E-Mail: Der Begriff E-Mail bedeutet so viel wie elektronische Post – E steht für *electronic*, also elektronisch, und *Mail* bedeutet Post. E-Mails werden von einem Computer zum anderen geschickt. Man benötigt dafür einen Internetanschluss.

Ende-zu-Ende-Verschlüsselung: Bei der Ende-zu-Ende-Verschlüsselung werden Daten oder Nachrichten, die von einer Person an eine andere übers Internet versendet werden, verschlüsselt (kodiert) übermittelt. Außer dem Absender und dem Empfänger kann niemand anderes und kein Computersystem auf die versendeten Daten zugreifen.

Fakeaccount: Ein gefälschtes Online-Konto, bei dem sich der wahre Inhaber hinter einer gefälschten Identität verbirgt, sich also als jemand anderes ausgibt.

Fake News: Der Begriff besteht aus den englischen Worten *fake* für Fälschung und *news* wie Nachricht – zusammen: gefälschte Nachricht oder Falschmeldung. Dahinter steckt die Absicht, den Leser, Zuschauer oder Hörer in die Irre zu führen, ihn also zu belügen, und ihn zu beeinflussen. Oft werden Fake News über Soziale Netzwerke verbreitet.

Filterblase: Viele *Websites* sind durch ihre *Algorithmen* so programmiert, dass sie Informationen über den Nutzer sammeln – den Suchverlauf, sein Klickverhalten, seinen Standort usw. – und ihm in der Folge Suchergebnisse oder Vorschläge liefern, die zu seinem bisherigen Verhalten passen. Sie filtern also Informationen aus: in solche, die den Nutzer interessieren könnten, und solche, die nicht zu seinen Interessen passen. Der Nutzer wird dadurch leicht in einer Art „Blase" isoliert, die bestimmte Informationen ausschließt. Wer sich objektiv, also vorurteilsfrei und sachlich, im Internet über ein Thema informieren möchte, sollte *Suchmaschinen* wählen, die keine Nutzerdaten sammeln.

Gewaltenteilung: Mit Gewaltenteilung ist die Aufteilung der Staatsgewalt auf drei Teilgewalten zur Verhinderung von Machtmissbrauch und zur rechtsstaatlichen Sicherung der bürgerlichen Freiheiten gemeint. Die Gewaltenteilung ist die Grundlage einer demokratischen Rechtsordnung. Die Staatsgewalt wird dabei in die gesetzgebende Gewalt (Legislative), die vollziehende Gewalt (Exekutive) und die rechtsprechende Gewalt (Judikative) aufgeteilt.

Graswurzelbewegung: Eine sogenannte Graswurzelbewegung ist eine politische oder gesellschaftliche Bewegung, die von der Basis der Bevölkerung ausgeht.

Hate Speech, Hassrede: Bösartige, menschenverachtende Form von Kommentaren im Netz. Häufig richten Hassreden sich gegen bestimmte Gruppen und haben rassistische, antisemitische oder sexistische Inhalte.

Holocaust: Der Begriff leitet sich von dem altgriechischen Begriff *holokaustos* ab, zu Deutsch: völlig verbrannt. Man bezeichnet damit die Tötung einer großen Zahl von Menschen (einen Völkermord), insbesondere die Ermordung europäischer Juden während der nationalsozialistischen Herrschaft.

Homepage: Internetangebote bestehen in der Regel aus mehreren Seiten. Die erste Seite (die Startseite) bezeichnet man als Homepage, also als „Heimatseite". Internetauftritte von Einzelpersonen werden ebenfalls oft als Homepages bezeichnet – auch wenn sie aus mehreren Seiten bestehen.

In-App-Kauf: Viele Apps, die auf den ersten Blick umsonst sind, kann man um zusätzliche, kostenpflichtige Funktionen erweitern. Das ist zum Beispiel bei vielen Spiele-Apps so. Wer die zusätzlichen Funktionen erwerben möchte, kauft sie über sogenannte In-App-Käufe. Meist sind die Beträge zwar nicht allzu hoch, aber sie verleiten dazu, dass man schnell viele Zusatzfunktionen erwirbt und dabei leicht den Überblick über die Kosten verliert.

Instant Messenger: Mithilfe von Instant Messengern können sich zwei oder mehrere Personen über Textnachrichten miteinander unterhalten. Häufig können sie zusätzlich Bild- oder Videodateien versenden. Der englische Begriff *instant messaging* bedeutet übersetzt so viel wie Nachrichtensofortversand.

IP-Adresse: Eine IP-Adresse ist eine Adresse in Computernetzen, die auf dem Internetprotokoll (IP) basiert. Ähnlich wie eine Postanschrift macht sie die angeschlossenen Computer erreichbar, sodass Daten von einem Anwender zum anderen versendet werden können.

Like, liken: Wer etwas auf Facebook gut findet, kann es dort liken, also den „gefällt mir"-Knopf drücken.

Link: Der englische Begriff *link* bedeutet übersetzt so viel wie Verbindung. Ein Link ist eine Verbindung mit einer Internetseite, klickst du darauf, gelangst du automatisch auf die jeweilige Seite.

Malware: Malware ist die englische Bezeichnung für Schadprogramme, also für Programme, die auf fremden Computersystemen Schaden anrichten oder diese ausspähen sollen. Hierzu zählen unter anderem *Viren*, Würmer, *Trojaner*, Spyware, Scareware und Ransomware.

Meinungsfreiheit: In Deutschland darf jeder sagen, was er denkt, solange er dabei nicht gegen das geltende Recht verstößt. Er darf also beispielsweise niemanden beleidigen oder verunglimpfen. Geregelt ist die Meinungsfreiheit in Artikel 5 (Absatz 1) des Grundgesetzes der Bundesrepublik Deutschland.

Messenger: Kurznachrichtendienst, siehe auch *Instant Messenger*

Metasuchmaschine: Metasuchmaschinen leiten Suchanfragen an die Datenbestände mehrerer herkömmlicher Suchmaschinen weiter.

Microblog, microblogging: siehe *Blog*.

Nachricht: Eine Mitteilung über ein aktuelles Ereignis, das für den Leser, Zuschauer oder Hörer von Interesse und von allgemeiner Bedeutung ist. Die Nachricht sollte klar, wahrheitsgemäß und verständlich sein, nicht wertend und möglichst kurz gehalten.

Nutzer, User: Wer sich im Internet bewegt und dort etwas nutzt, zum Beispiel liest, chattet oder spielt, wird als Nutzer bezeichnet beziehungsweise als User.

Passwort: Für viele Online-Dienste braucht man einen *Account*. Um sich hier einzuloggen, benötigt man wiederum ein geheimes Passwort und meist auch einen Benutzernamen. Damit niemand das Passwort erraten oder ausspionieren und dann missbrauchen kann, sollte es nicht zu einfach sein, also beispielsweise nicht aus dem Namen oder den Geburtsdaten des *Nutzers* bestehen.

Populist, Populismus: Diese Begriffe leiten sich von dem lateinischen Wort *populus* für Volk ab. Ein Populist versucht, die Gunst der Massen zu gewinnen, indem er das sagt, was viele gerne hören (würden). Oft vereinfacht er dazu komplexe Zusammenhänge und verspricht dafür einfache Lösungen. Er stellt sich als Vertreter des „Volkes" dar und grenzt sich und das sogenannte Volk damit von einer Elite ab – das sind meist etablierte Politiker und Wirtschaftsführer. Im Gegensatz zu ihm, behauptet der Populist, würden diese nicht den Willen des Volkes kennen und daher auch nicht durchsetzen.

Post, posten: Posten kommt vom englischen *to post*, also abschicken. Wenn man bei Facebook Kommentare, Bilder oder Videos veröffentlicht, dann sind das Posts.

Postfaktisch: Der Begriff setzt sich aus dem lateinischen Wort *post* für nach und dem Begriff faktisch, also auf Fakten basierend, zusammen. Mit diesem Begriff soll ein Zeitalter veranschaulicht werden, in dem nicht mehr mit Fakten argumentiert wird, wie zuvor üblich, sondern mit Meinungen und Emotionen.

Pressefreiheit: Die Journalisten in Deutschland genießen einen besonderen Schutz. Es heißt hierzu in Artikel 5 des Grundgesetzes, Absatz 1: „Die Pressefreiheit und die Freiheit der Berichterstattung durch Rundfunk und Film werden gewährleistet. Eine Zensur findet nicht statt."

Propaganda: Dieser Begriff leitet sich vom lateinischen *propagare* ab, was so viel wie verbreiten heißt. Wer Propaganda betreibt, versucht seine politische Meinung, seine Ideen und seine Weltanschauung systematisch zu verbreiten und andere Menschen in ihrem Denken und Handeln zu beeinflussen. Dazu werden gezielt verschiedenste Medien eingesetzt.

Provokation: Unter einer Provokation versteht man eine absichtliche Herausforderung oder Aufwiegelung. Man reizt jemanden beispielsweise, indem man eine unerhörte Behauptung aufstellt, mit dem Ziel, dass das Gegenüber darauf emotional reagiert, also beispielsweise wütend wird.

Quelle: Die Quelle bezeichnet den Urheber oder die Herkunft einer Information oder eines Bildes. Wer beispielsweise aus dem Text eines anderen zitiert oder eine Fotografie abbildet, die von jemand anderem erstellt wurde, sollte die Quelle benennen, um nicht gegen das *Urheberrecht* zu verstoßen. In Zeitungen oder auf Websites findet man oft Quellenverweise im Impressum. Häufig steht auch unter einem Artikel oder Foto die Quelle.

Screenshot: Ein Screenshot ist ein Bildschirmfoto – also ein Schnappschuss von allem, was man gerade auf dem Bildschirm oder Display sieht. Man erstellt den Screenshot in der Regel mit bestimmten Tastenkombinationen, die sich je nach Gerät unterscheiden.

Smartphone heißt übersetzt so viel wie „schlaues Telefon". Es ist ein Handy mit vielen Zusatzfunktionen, quasi ein Computer im Kleinformat. Abgesehen vom Telefonieren und Nachrichtenschreiben kann man mit dem Smartphone im Internet surfen, Fotos und Videos erstellen und Musik abspielen. Durch *Apps* erweitert man seine Funktionen. Smartphones sind also sehr praktisch, allerdings können sie schnell zur Kostenfalle werden, denn für den Internetzugang muss man ebenso zahlen wie für viele Apps.

Social bot: Social bots sind eigenständig handelnde Programme, die in *Sozialen Netzwerken* das Verhalten von menschlichen *Nutzern* imitieren. Sie besitzen oft eigene *Accounts* und und stellen sogar Freundschaftsanfragen. Social bots werden zur gezielten Meinungsmache eingesetzt, indem sie beispielsweise Fake News in Sozialen Netzwerken streuen.

Soziale Medien, Social Media:
Unter dem Begriff Soziale Medien beziehungsweise Social Media werden alle Technologien und Dienste zusammengefasst, die zum gegenseitigen Austausch von Inhalten im Internet dienen. Dabei kann es um Kommunikation gehen, wie etwa in *Sozialen Netzwerken*, um die Erstellung neuer Inhalte, wie in *Wikis*, oder um das Teilen von Inhalten, wie bei Videoportalen.

Soziales Netzwerk, Social Network:
Soziale Netzwerke wie Facebook sind Online-Plattformen, auf denen viele Menschen miteinander kommunizieren, Kontakte knüpfen und sich durch Texte und Bilder austauschen können. Die Nutzer von Sozialen Netzwerken legen dazu eigene Nutzerprofile an.

Spam:
Als Spam bezeichnet man unerwünschte Werbung, die per E-Mail versendet wird. Man kann sich davor durch Spam-Filter schützen.

Suchmaschine:
Suchmaschinen ermöglichen das schnelle Auffinden von Internetseiten zu bestimmten Themen. Man gibt dazu Suchanfragen in ein Textfeld ein und erhält als Ergebnis Links, die auf die entsprechenden Seiten führen.

Teilen, sharen:
Wer auf Facebook jemandem einen Beitrag zeigen möchte, der „teilt" ihn.

Tracking (Web-Tracking):
Beim sogenannten Web-Tracking werden Nutzer beim Surfen im WWW „verfolgt". Hinter den Trackern stecken oft Werbedienstleister oder Datenanalysten. Mithilfe einer ausgefeilten Technik können Sie genau sehen, welche Seiten ein Nutzer aufruft. Aus den dadurch gewonnenen Daten erstellen sie Nutzerprofile und können die Nutzer so beispielsweise gezielt umwerben.

Trojaner (Trojanisches Pferd):
Als Trojaner beziehungsweise Trojanische Pferde bezeichnet man getarnte Schadprogramme. Sie erscheinen wie harmlose Anwendungsprogramme, enthalten aber versteckte Schadsoftware, die beispielsweise Passwörter ausspioniert oder Daten löscht.

Troll:
Als „Trolle" bezeichnet man im Zusammenhang mit dem Internet Personen, die in *Sozialen Medien* absichtlich Fehlinformationen *(Fake News)* streuen oder die Kommunikation durch Provokationen stören. Die Bezeichnung „Troll" leitet sich vom englischen *trolling with bait* ab, womit eine bestimmte Angeltechnik beschrieben wird. Ein Troll „ködert" sozusagen andere Nutzer, um sie gezielt zu reizen und sie in Gespräche zu verwickeln. Meist werden Trolle hierfür von anderen Auftraggebern bezahlt, die beispielsweise ihre *Propaganda* im Netz verbreiten wollen. Trolle nutzen oft *bots*, um ihre Bösartigkeiten systematisch zu verbreiten.

Urheberrecht: Werke, die von Autoren, Künstlern, Musikern, Fotografen oder anderen Urhebern erschaffen werden, sind durch das Urheberrecht geschützt. Das besagt, dass Texte, Filme, Bilder oder Tonaufnahmen nicht ohne die vorherige Erlaubnis der Urheber vervielfältigt oder veröffentlicht werden dürfen. Wer dagegen verstößt, macht sich strafbar.

URL: Mit der „URL" bezeichnet man eine Internetadresse, die man in die Adresszeile des Browsers eingeben kann. URL steht für *Uniform Resource Locator*, was übersetzt einheitlicher Quellen-Ortsbestimmer heißt.

Virus: Ein Computer-Virus ist ein Programm, das Computern, Tablets und Smartphones Schaden zufügen kann. Einen solchen Virus kann man über eine E-Mail erhalten oder indem man Dateien aus dem Internet herunterlädt. E-Mails von unbekannten Absendern sollte man daher nicht öffnen und am besten gleich löschen. Um Schadprogrammen vorzubeugen, sollte außerdem immer ein aktuelles Antivirenprogramm auf dem Gerät installiert sein.

Web: Web ist die Kurzform für World Wide Web *(WWW)*. Heute unterscheidet man zwischen verschiedenen Versionen des Webs: Im sogenannten Web 1.0 konnte man das Internet vor allem dazu nutzen, E-Mails zu schreiben und sich auf Internetseiten zu informieren. Das aktuelle Web 2.0 ist dadurch charakterisiert, dass die Nutzer selbst an den Inhalten des Netzes mitwirken können, also beispielsweise Blogs erstellen, Videos posten und sich über Soziale Netzwerke austauschen. Ziel des Web 3.0 ist unter anderem die Optimierung von Suchmaschinen, die verschiedene Daten und Inhalte eigenständig auswerten, um bessere Suchergebnisse zu erhalten. Mit dem Web 4.0 wird meist das sogenannte „Internet der Dinge" gleichgesetzt – in dem verschiedene Geräte untereinander Daten austauschen und uns so das Leben erleichtern. Beispielsweise erkennt der Kühlschrank, dass die Milch ausgeht, und informiert uns via Smartphone darüber.

Webseite, Website: Eine Webseite ist eine Seite im *WWW*. Unter einer Website versteht man die Gesamtheit aller Webseiten eines Internetangebots.

Wiki: Ein Wiki ist ein Internetangebot, an dem jeder mitwirken kann. Jeder kann also Beiträge erstellen, etwas ergänzen oder löschen. Man kann auch Bilder und Filme einfügen. Das bekannteste Wiki ist Wikipedia, ein umfangreiches Online-Lexikon. Der Begriff Wiki stammt vom hawaiianischen *wiki wiki*, was so viel wie „schnell" bedeutet.

WWW: Die Abkürzung WWW steht für World Wide Web, zu Deutsch: weltweites Netz. Das WWW ist ein Teil des Internets, auch wenn die Begriffe oft gleichbedeutend verwendet werden, weil das WWW am häufigsten genutzt wird. Mit dem Browser bewegt man sich durchs WWW und kann dort verschiedene Internetseiten aufrufen.

Stichwortverzeichnis

Abhängigkeit
 siehe Medienabhängigkeit
Abonnementzeitung 18
Agentur
 siehe Nachrichtenagentur
Algorithmus 92
Alternative Fakten 34 f.
Astroturfing 42
Asyl, Asylanten 107 f.

Bericht 15
Blog, Blogger 12, 15, 70 f.
Bot 40 f.
Boulevardzeitung 18 f.
Bundespressekonferenz 67

Clickbaiting 97
Cybermobbing 101 ff.

Datenanalyse,
 Datenanalytiker 74 f., 77
Deutscher Bundestag 59
Deutscher Presserat 66
Digital Detox 89

Echokammer 94 ff.
Embedded journalists 54

Fake News 28 ff.
Filterblase 93 ff.

Gewaltenteilung 64
Globales Dorf 86

Google-Filter 85
Graswurzelbewegung 42
Greenwash 37

Handyfasten 89
Hate Speech 107 ff.
Holocaust 109

Influencer 23 f., 70
Internet-Troll 39, 42
Interview 15
Irakkrieg, Erster 53
Irakkrieg, Zweiter 53 f.
Islamisten 107

Journalismus,
 Journalist 12, 14 ff., 65 ff.

Klimawandel 63
Kommentar 15
Kriegsberichterstattung 54

Lügenpresse 29, 59 f.

Medienabhängigkeit 90 f.
Mediennutzungsvertrag 88
Meinungsbot
 siehe bot
Meinungsfreiheit 38, 65, 70, 110
Meldung 15

Nachricht 15 ff.
Nachrichtenagentur 20

Nachrichtenwert 17
Nationalsozialismus,
    Nationalsozialisten 52, 60, 109
Netzwerkdurchsetzungsgesetz
    (NetzDG) 110
New Economy 74

Öffentlich-rechtlich 21
Oktoberrevolution 51

Parlament 58 f.
Passwort 80
Pegida 60
Populismus, Populist 60 ff.
Postfaktisch 36
Pressefreiheit 65, 110
Pressekodex 66
Presserecht 70 f.

Redaktion 68 f.
Reizüberflutung 87
Reportage 15
Rundfunkgebühren 21

Schadprogramme 78 f.
Smart bombs 54
Social bot *siehe bot*
Sowjetunion 51
Soziale Medien,
    Social Media 22, 25
Suchoperator 84 f.
Sucht *siehe Medienabhängigkeit*

Terror 107 f.
Troll *siehe Internet-Troll*

Urheberrecht 71

Vietnamkrieg 54

Weltkrieg, Zweiter 52

Zeitung 13, 18 f., 68 f.
Zweisäulenmodell 21

Manfred Theisen ist studierter Politologe. Er forschte zwei Jahre für das Bundesinnenministerium in der Sowjetunion und arbeitete als leitender Redakteur einer Kölner Tageszeitung. Seit 2000 ist er freier Autor und lebt mit seiner Familie in Köln. Er hat im Nahen Osten und in Afrika recherchiert und dort für das Auswärtige Amt und für das Goethe-Institut gearbeitet. In seinen mittlerweile weit über 1 000 Veranstaltungen sowie Workshops über Themen wie Heimat, Zuwanderung und Integration ist er ständig im Kontakt mit seinen Lesern: Kindern, Jugendlichen und Erwachsenen. Seine Bücher wurden mehrfach in zahlreiche Sprachen übersetzt und ausgezeichnet. Mehr über ihn auf seiner Homepage: *www.manfredtheisen.de*

Verena Ballhaus wurde 1951 in Gemünden am Main geboren. Schon früh begeisterte sie alles, was mit Farben und Formen zu tun hat. Aus diesem Grund besuchte sie nach der Schule die Kunstakademie in München, an der sie neben Malerei und Grafik auch Kunsterziehung studierte. Nach dem Studium arbeitete sie zunächst für einige Zeit als Bühnenbildnerin, widmet sich aber nun schon seit vielen Jahren dem Illustrieren von Kinderbüchern. Für ihre Arbeit wurde Verena Ballhaus bereits mehrfach ausgezeichnet, u. a. mit dem Deutschen Jugendliteraturpreis.

Bildnachweis

S. 29 picture alliance / dpa (Jörg Carstensen), S. 35 picture alliance / REUTERS (STAFF), S. 36 shutterstock_625985909 (Joseph Gruber), S. 49 Foto: privat, S. 52 picture alliance / zb (Günter Höhne), S. 59 Infografik: Bundestag; afp, S. 74 shutterstock_185722835 (zimmytws), S. 79 shutterstock_307649276 (Michael Rosskothen), S. 103 shutterstock_451041550 (alphaspirit), S. 109 picture alliance / dpa (Frank Ruppenhorst)

Das will ich lesen!

ISBN 978-3-7855-5387-9

Du meinst, Politik sei nur etwas für Erwachsene? Weit gefehlt! Politiker entscheiden und beeinflussen auf irgendeine Weise dich und dein Leben. Deshalb ist es wichtig, Bescheid zu wissen und sich einzumischen. Damit du Politik nicht nur verstehst, sondern auch selbst mitreden kannst.

Das will ich lesen!

ISBN 978-3-7855-6921-4

In der Philosophie dreht sich alles um Werden und Sein, um Leben und Tod, um die Fragen: Woher kommen wir? Wohin gehen wir? Jeder Mensch, aber auch jede Zeit, hat eigene Antworten darauf. Die wichtigsten Gedanken und Vorstellungen findest du in diesem Buch – damit du über Platon, Kant und andere große Philosophen mitreden kannst.

Das will ich lesen!

ISBN 978-3-7855-8988-5

Dieses Buch gibt kompetent Auskunft zum Thema, das vor dem Hintergrund von Fremdenfeindlichkeit und Einschränkungen im Asylrecht sowie den aktuellen Entwicklungen in der Türkei, den USA und der Ausbreitung demokratiefeindlicher Parteien in Europa neue Brisanz gewonnen hat.

Das will ich lesen!

ISBN 978-3-7855-8933-7

Weltweit befinden sich über 60 Millionen Menschen auf der Flucht. Aber was hat das mit dir zu tun? Zur Beantwortung dieser Frage ist es wichtig, die Fakten zu kennen. Damit du in der Flüchtlingsdebatte mitreden kannst.